好想法 相信知識的力量

the power of knowledge

寶鼎出版

駕馭沉靜

萊恩・霍利得 著
Ryan Holiday

Stillness Is the Key

目錄

第三部：身

各界讚譽

對本書的讚譽

「萊恩・霍利得是我所認識的作家中，在心理層面最富有智慧的人之一。我是他所有著作的粉絲，這本傑作當然也不例外。如果你像我一樣，正努力在我們生存的瘋狂世界與日益嘈雜的喧囂中找到自我定位，這本書正適合你。」

——安琪拉・達克沃斯（Angela Duckworth）／暢銷書《恆毅力》（*Grit*）作者

「萊恩鼓勵大家培養內在沉靜。在這個人人分心成性的時代，養成這種專注力比以往更加重要。」

——馬克・曼森（Mark Manson）／暢銷書作家，著有《管他的：愈在意愈不開心！停止被洗腦，活出瀟灑自在的快意人生》（*Subtle Art of Not Giving a F*ck*）

「重要而充滿智慧的一本書。」

——馬紐・吉諾比利（Manu Ginobili）／奧運金牌選手，四度勇奪ＮＢＡ冠軍

「不論你是運動員、投資人、作家或企業家，這本輕簡但高貴的書都能為你敞開一扇門，讓你的生活和職涯更健康、更不焦慮，也更有生產力。」

——亞歷安娜・赫芬頓（Arianna Huffington）

「有的作家善於提供建議，萊恩・霍利得則淬煉智慧。本書為必讀之作。」

——卡爾・紐波特（Cal Newport）／《紐約時報》暢銷書《深度數位大掃除》（*Digital Minimalism*）作者

「別看這本小書文筆平易，就以為它沒什麼了不起。它傳達的觀念能改變人生：為了向前邁進，我們必須學會沉靜。萊恩・霍利得再次精采出擊。」

——蘇菲亞・克莉絲汀娜・阿莫魯索（Sophia Amoruso）／曾任企業執行長及共同創辦人，創業經過改編為影集《正妹ＣＥＯ》（*Girlboss*）

「今天的世界處處危險——最明顯的是令人分心的事物無窮無盡，生活中充滿瑣碎的爭執和摩擦，讓我們遺忘目標、迷失方向。在本書中，萊恩．霍利得老練地綜合東西方哲學，告訴我們如何保持專注，在時而令人窒息的二十一世紀生活中，擺脫衝突與困境的束縛，讓心活在當下。」

——羅伯．葛林（Robert Greene）／《紐約時報》暢銷書《權力世界的叢林法則》（*The 48 Laws of Power*）作者

「萊恩．霍利得是我們這個時代最出色的作家和金頭腦之一。《駕馭沉靜》是他的藍圖，教我們如何清理腦袋，為靈魂充電，奪回管理自己的權力。」

——強．高登（Jon Gordon）／暢銷書《能量巴士》（*The Energy Bus*）作者

「萊恩．霍利得是自制界的大師，堪稱國家之寶。我認為這本書是他迄今最引人入勝之作，他在書中信手拈來古代經典文獻，又暢談從弗雷德．羅傑斯（Mister Rogers）到老虎伍茲（Tiger Woods）等文化指標，用平易近人的方式帶出他的主旨，讓忙碌、心猿意馬、過度亢奮的現代人能夠了解，也可以實踐。我非常推

薦這本書。」

——史蒂芬・普瑞斯菲爾德（Steven Pressfield）／暢銷書《藝術之戰》（*The War of Art*）及《藝術家的旅程》（*The Artist's Journey*）作者

「及時且生動地提醒人們放慢腳步，並藉由沉靜的力量來找回奇蹟。」

——科克斯書評（Kirkus Reviews）

對作者的讚譽

「萊恩是各界爭相邀請的自助達人，向他徵詢建議的包括橄欖球聯盟教練、奧運選手、嘻哈巨星、矽谷企業家……在古代，斯多噶主義曾受帝王和政治家追隨，而現在，萊恩將它轉化成精鍊的格言和生動的軼事，讓雄心勃勃的二十一世紀生活駭客有師法對象。」

——亞歷山卓・歐特（Alexandra Alter）／《紐約時報》出版線記者

「我沒有為人生設下太多規則，但有個規則我從不打破：只要萊恩．霍利得出書，我一定立刻入手，馬上閱讀。」

——布萊恩．考波曼（Brian Koppelman）／編劇兼導演，作品包括《賭王之王》（*Rounders*）、《瞞天過海：13王牌》（*Ocean's Thirteen*）、和《金錢戰爭》（*Billions*）

「萊恩．霍利得是他那一代最優秀的作家之一，前景可期。」

——喬治．拉維林（George Raveling）／籃球名人堂教練，Nike 國際籃球部門總監

「霍利得是喜愛冒險、跳脫框架的思想家。」

——《紐約時報》書評

推薦序

寧靜致遠，幸福之道

苑舉正／臺灣大學哲學系教授

《駕馭沉靜》是一本對現代人生至為重要的好書；它教我們怎麼樣做到寧靜致遠。

作者萊恩．霍利得是有名的暢銷書作家，他的文筆好，閱讀他的書輕鬆自在。最重要的地方是，它能夠深入淺出地應用斯多噶哲學於日常生活中。在應用裡，他從不濫用術語，少量引經據典，告訴我們如何運用智慧、追求幸福。

這些日常生活的案例太豐富了，五花八門，什麼都有，目的在於告訴我們，人生中的所有時刻，無論在哪，都有一個共同目標：克服問題，達到幸福！

這當中包含了有名的成功人物，偉大的運動選手，留名青史的政治人物，極富創造力的藝術家，各式各樣。在作者的文字中，這些人的偉大與顯赫顯得如此一致，有共同的特徵，就是如何在生活中獲得沉靜。

在現代社會中，因為科技，工作、交通以及人際關係，處處都顯得那麼嘈雜，引發焦慮，令人感到生活充滿各式噪音。沉靜變成一種奢侈，甚至是需要透過精神上的練習，才能夠獲得。那麼，我們該怎麼做呢？

作者以其流暢的寫作，不但應用斯多噶哲學的「精神練習」，他甚至認為，「駕馭沉靜」是人類共有的智慧。無論東西方、不管哪種宗教，乃至所有經得起考驗的人生哲學，克服焦慮與追求快樂的期待，一直都是人生中最重要的事。

於是，在閱讀本書提及的各種案例時，雖然它們表象不同，但面對的課題都一樣，就是做出穩當的決定。作者透過心智、靈魂以及身體三個方面，將面對重要時刻的心境，做了清楚而且連貫的說明。

在心智上，他強調，放下引發困擾我們的複雜心情，給自己一些時間沉靜下來，放空自己，以沉著穩健的態度做出最佳的判斷。心智需要靜靜地思考，關鍵是這必須從內做起，而這必須由靈魂開始。

在靈魂層面，作者告訴我們，心智能力的培育，需要超越我們的感覺，超越我們的自滿，甚至超越我們的能力。超越之後，我們會達到一種心靈上的共鳴，讓心智與靈魂能夠結合在一起。靈魂包含很多，從善惡的判斷，到欲望展現，回憶童年，強調人倫，承認創造，這些都是影響心智能力的關鍵。

身體就像是心智與靈魂之間的橋梁，讓我們能夠駕馭各式各樣的理念。身體是獲得幸福的必要條件，沒有身體，一切免談，但是許多人不了解這個道理，以為極度地努力，自然會有成。這是錯誤的，甚至與追求幸福是相反的。身體是本，所謂「本立而道生」，沒有顧好身體，談心智與靈魂是空的。

最後，我以非常誠摯的心情，向國人推薦這一本「有用」的書。在二十一世紀這個熙熙攘攘的工商業社會中，這是一本讓我們追求幸福、放下焦慮、面對風險，更能產生自信的書！

推薦序

這是一本改造人生的指南

冀劍制／華梵大學哲學系教授

你滿意現況嗎？

或許，這是個不太好的問題，因為很少人可以完全滿意現況，總有些地方不如人意。重點在於，你知道該如何走向更令自己滿意的人生嗎？不管你是否已有答案、是否正努力尋找，或是根本尚未想過這個問題，我相信這本書都會給你很好的指引。這是一本改造人生的指南。

首先，最清楚明白的一點，就是在每一個人的生活中，難免都會有情緒失控的時候。失控常會帶來難以彌補的後果。每次的反省（如果幸好還會反省的話）都希望下次能夠控制好自己。然而，「控制自己」並不是一種天生的本領，不是想要就可以獲得的東西，而是必須經過學習與鍛鍊才能擁有的技能。至少先有這樣的認知，才能開啟前進的閘門。

靜心是自我控制的關鍵能力

人在失控狀態，尤其受到誘惑、或是被激怒時，如同海上遇見狂風巨浪，無法掌控船行的方向。但只要能夠靜心，即使只有一小塊區間，就能調整方向。

靜心讓我們看見更多的自我

當塵埃落下，世界才能明亮。當水面靜止，倒影才能成像。在我們深陷煩惱、追逐欲望的迷失中，只能看見最表面的自我，深度的內心受到遮蔽，誤作虛假為真，被各種價值觀扭曲的黑手推向末路。只有靜下心來，才會看見那一盞引路燈，指向溫暖、安心的路程。

靜心是創意的源頭

我們不清楚創意究竟從哪來，但可以知道，在靜心的狀態下，更能接收某些特殊訊息，瞬間轉化成有趣的點子，然後會心一笑。

靜心讓我們看見生命的遠方

內心的表層，容易受到欲望驅使，容易遭遇情緒干擾，在這些原始驅動力的生命裡，只能看見眼前的快樂。但是，眼前的快樂卻可能帶給未來痛苦。只有靜下心來，才能望向遠方，看見眼前許多不值得追求的快樂，以及遠方值得努力的目標，甚至耗費一生去換取的美麗。這將引導我們走向完全不同、並且無怨無悔的生命型態。

這本書，讓我看見靜心更豐富的意義，以及追求的方法，受益匪淺。我相信對每一個人來說，都是值得閱讀的好書。

推薦序

在不久的將來，「慢與靜」將是關鍵能力

蘇益賢／臨床心理師、初色心理治療所副所長、「心理師想跟你說」粉絲專頁共同經營者

效率、速度、即時，這些字眼占據了當代人的生活日常。

上班時，我們盡可能讓工作表現符合這些條件；下班後，我們選擇符合這些條件的商品，期待這些東西填滿我們的空白時間，並藉此享受某種「生活感覺很充實」的感覺。

只是，我們真的有在享受嗎？抑或，這些充實感，會不會其實只是一種假象？

無數研究已經證實，這種「追趕、更多、更快」的生活方式，時常是我們備

感「壓力山大」的核心原因。但這種因快而high、因多而亢奮的感覺，卻也讓我們沉迷其中無法自拔。

神經科學研究發現這種欲求、亢奮、追逐背後的機制，與一種稱為多巴胺（Dopamine）的神經傳導物質有關。而它被放在我們體內的原因，是老天爺希望人類能透過這種機制去探索更多資源，進而增加生存機率。

只是，舊時代的大腦沒有跟上新時代的變遷。在現代社會，資源、資訊時常不是不足，而是過多了。我們的身體也因為長期處在快而多的欲求模式下，時常動不動就出現各種毛病。

短時間內，這場「快」的比賽不會停息。本書想呼籲我們超前部署，思索一套能用來對治這種「快」所帶來後遺症的妙方：慢下來、停下來、靜下來。

在未來世界，快已經不是人類能勝出的關鍵。原因在於，機器、人工智慧的發展，永遠能在「快」這項比賽上拔得頭籌。我反而相信未來人類的優勢，會回歸古人的智慧，好比我們熟悉卻早已忘記的「定、靜、安、慮、得」。

是時候，我們該駐足省思這個「快就是好」、「多即是好」的世界。透過本書各種史實、故事的介紹，你會發現這些預設值，其實與不快樂、身心耗竭等現象有明顯關係。

作者從心、靈、身三條路徑出發，每一條路上都引用了不少源於東西方文化的各種概念。但殊途同歸，讀者會發現，這三條路仍是可整合在一起的。

邀請讀者在閱讀的途中，不妨摘錄一些自己願意身體力行的觀念與方法，並加以練習。相信假以時日，這些工具能夠內化成你的一部分，協助你練就「慢與靜」的功夫，並在未來持續快速紛擾的世界中，陪你站穩腳步、踏實前行。

爭取熟練、自由、幸福與平靜的奮鬥是偉大的，
為此承擔的考驗是神聖的。

—— 愛比克泰德（Epictetus）

前言

時間是公元第一世紀末，盧修斯·安奈烏斯·塞內卡（Lucius Annaeus Seneca）——羅馬最有影響力的政治說客，亦是羅馬最偉大且尚在人世的劇作家、最有智慧的哲學家——苦苦奮力想做點工作。

他的困擾是街上湧入的噪音，震耳欲聾，吵得人心神不寧。

羅馬向來喧鬧（想想紐約做工程的時候，你一定懂），而塞內卡住的那區又特別吵，刺耳嘈雜的噪音不絕於耳，讓人心煩意亂。他那棟樓底下就是運動場，隨時都有運動員練習拋擲重物；女按摩師使勁為一個肥胖的老男人捶背，拍打和呻吟聲此起彼落；泳池那邊也不斷傳來跳水聲。每當樓下門口又逮住一個扒手，總要沸沸揚揚一陣。石子路上車水馬龍，馬車噠噠聲和車夫吆喝聲像不會停似的。木匠在店裡釘木料；小販沿路叫賣；小孩子互相打鬧；狗也吠個不停。

比窗外噪音更讓人煩心的，是塞內卡的人生瀕臨崩潰，一個危機接著一個：境外騷亂讓他的財務蒙受威脅；他的年紀愈來愈大，連自己都感覺得出年事已高；他先是被政敵逐出權力核心，最近又與尼祿（Nero）起了爭執。他的項上人頭只在皇帝的一念之間。

從我們今天的忙碌生活來看，不難想見這個環境絕不適合做事。它不利思考，不利創作，不利寫作，也不利做出好決定。帝國的喧囂和鼓譟「讓我憎惡自己有聽覺」，塞內卡對一位朋友這樣說。

因此很自然地，千百年來，傾慕他的人數不勝數：一個身陷磨難與苦楚的人，不僅**不**懷憂喪志，還能風波不驚，思慮清明，不但參悟只有少數人能企及的真理，還寫出深刻、練達、感動後世無數人心的文章——而且有些正是在這間吵鬧的屋子裡寫的？

「我堅強心志跟這些事對抗，」塞內卡向他抱怨過噪音的那位朋友說，「我逼自己專心，不讓心飄向外物。只要內心不亂，外面的東西就不成干擾。」

啊，這不是人人渴望的境界嗎？何等自制！何等集中！誰不希望能不畏任何困難，隨時隨地無視外界干擾，完全發揮實力？若能做到該有多好！如果能達到這個境界，必定無事不成，無比幸福！

對塞內卡和他的斯多噶同道來說，只要一個人能維持內心平靜——或者用他們的話來說，只要能達到「apatheia」——那麼，不論世界再怎麼亂，他們還是能好好思考、好好工作、好好生活。「在沒有噪音吵你，也沒有人拿話讓你動搖的時候（不論是奉承、威脅，或是空穴來風惡意議論你），」塞內卡說，「你也許以為自己已經達到內心平靜。」不過，要是真能達到這種境界，這樣的人能不為外物所動（即使對方是神經錯亂的皇帝），不受情緒所擾，不因威脅而屈，每一個當下都在他們手中，他們能活得整全。

這個觀念力量龐大，有個引人注目的事實讓它更顯卓絕：在古代，幾乎每個學說都做出同樣的結論，不論這些學派多不一樣、相隔多遠。

不論你是公元前五百年的孔子門生，或是一百年後希臘早期哲學家德謨克利特（Democritus）的弟子，還是一個世代之後師從伊比鳩魯（Epicurus）的學生，你都會聽到他們強調同樣的道理：要沉著，要從容，要平靜。

佛教對這個境界的說法是「upekkha」（捨）。穆斯林的說法是「aslama」（順服）。希伯來文是「hishtavut」（平和）。戰士阿周那（Arjuna）的史詩《薄伽梵歌》

（*Bhagavad Gita*）第二卷說的是「samatvam」——「平等心，如如不動的平靜」。希臘人稱它為「euthymia」或「hesychia」。伊比鳩魯學派稱之為「ataraxia」。基督徒叫它「aequanimitas」。

在英文裡則是「stillness」，沉靜、定力，波瀾不驚。[1] 在紛亂的世界裡保持沉穩。不感情用事。不聽不須聽的事。不論外在或內在都保持平靜。

沉靜是得「道」和親近「邏各斯」（logos）的結果，是道路，是聖言。佛教談它，斯多噶學派談它，伊比鳩魯學派談它，基督宗教談它，印度教也談它。每個哲學學派和宗教都推崇內在**平靜**——沉靜，敬之如至高之善，視之為傑出表現和幸福生活的關鍵。

如果基本上**所有**古代智慧都贊同某個東西，只有笨蛋才會置之不理。

序

沉靜的呼喚輕如呢喃，現代世界則非如此。

除了塞內卡時代的人也熟悉的喧囂、嘈雜、陰謀和混戰之外，我們還有喇叭聲、立體聲、手機聲、社群媒體通知聲、電鋸聲、飛機聲。

我們私人和工作上的問題同樣多得讓人難以招架。職場上有競爭者磨刀霍霍，桌子上有文件如山高，信件匣裡有滿坑滿谷的訊息。我們隨時都得與人接觸，換句話說，爭執和突發情況永遠離我們不遠。新聞塞滿每一個視窗——而視窗數量不少——用一個又一個危機轟炸我們。沉悶的工作消磨我們的精力，而且似乎永無止盡。我們硬吞太多，消化太少。接收太多刺激，時間排得太

1　在本書中，「stillness」將依文意脈絡譯為「沉靜」或「定力」。

滿，卻無比寂寞。

誰有權力叫停？誰有時間思考？我們時代的吵雜與問題如此擾人，有沒有人能不受影響？

雖然這些困境的規模和急迫性源自現代，但它們賴以蔓生的問題沒有古今之別。歷史其實已經告訴我們：培養維持內心沉靜的能力——平息內心混亂、把心放慢、了解情緒、克服肉體的能力——向來極其不易。「人的一切問題，」帕斯卡（Blaise Pascal）在一六五四年說過，「都源自無法靜靜地獨自坐在房裡。」

為了生存，某些不同物種（如鳥和蝙蝠）在演化中調適出類似的特徵。哲學學派也一樣，儘管它們有重洋相阻，彼此相隔萬里，也各自發展出獨特的道路，但這些道路都通向同一個關鍵目標：沉靜，為自己的人生做主所不可或缺的沉靜。能在嘈雜和忙碌中保持沉靜，才能生存，才能繁盛，在任何環境都不例外。

正因如此，沉靜絕非新世紀那種軟膩的胡說，也不是僧侶或聖賢的專利，而是我們每一個人必須掌握的工夫。不論是經營避險基金、打超級盃、開創新領域的研究，或是養家餬口，都需要沉靜。這條路**每一個人**都能尋見，它能帶你走向啟蒙，走向卓越，走向偉大，走向幸福，讓你在做出成績的同時也活在當下。

沉靜是箭矢的標的。它能激發新的靈感，讓你的眼光更敏銳，更看得清因果關連。它緩下飛快的球，讓我們穩穩擊中。它勾勒出長遠願景，讓我們抵擋住群眾激情，給感恩和驚奇留出空間。沉靜讓我們堅持不懈，讓我們成功。它是打開智者洞見的鑰匙，也是讓我們芸芸眾生能理解他們的鑰匙。

這本書會告訴你那把鑰匙的位置。我不只希望你擁有沉靜，更願你讓它閃亮如星、耀眼如日，照亮這個比以往更需要沉靜的世界。

萬事之鑰

南北戰爭初期，對於怎麼打贏？該派那個人領軍？上百個計畫相持不下。每個將領對每場戰役都有數不清的批評，也都有源源不斷的危險情緒——偏執、恐懼、自大、傲慢隨處可見，唯獨希望之路狹小難覓。

在最初這些緊張焦心的時刻，有一幕出乎眾人意料：在白宮辦公室裡，林肯（Abraham Lincoln）向一群將領和政治人物說明他的看法。當時，大多數人認為這場戰爭若想打贏，一定要不惜犧牲，在美國最大的幾座城市贏得大規模、決定性的勝利，例如里奇蒙（Richmond）和紐奧良（New Orleans），甚至要有讓首都華盛頓淪為焦土的準備。

林肯自學韜略，於國會圖書館博覽群書。他在大桌上攤開地圖，指出的卻不是大城，而是一座孤懸南方內地的小鎮——密西西比州維克斯堡（Vicksburg）。這座城聳立於密西西比河畔，由強悍的叛軍掌控，戒備森嚴。它不僅控制密西西比河水路交通，更是好幾條支流和鐵路的交會之地，南方邦聯軍和奴隸農莊的補給線在此匯集。

「維克斯堡是致勝之鑰。」林肯說得簡潔，帶著發憤鑽研之後的篤定。「在我們拿到這把鑰匙之前，戰爭不會結束。」

情勢發展果然如他所料。雖然這場戰爭耗去美國好幾年的時間，雖然林肯必須用無比的鎮定、耐心和驚人的投入實現他的目標，但他當時提出的策略確實是致勝之鑰，這個策略也永遠結束了美國的奴隸制。從蓋茨堡（Gettysburg）告捷、薛曼向海岸進軍（Sherman's March to the Sea），到李將軍（Robert E. Lee）投降，南北戰爭的其他重要戰役之所以能獲勝，都是因為林肯在一八六三年指示格蘭特（Ulysses S. Grant）包圍維克斯堡，將南方一截為二，控制了這條關鍵水路。林肯以他不急躁、不分神、好深思的直覺，看見了他的顧問、甚至他的敵人都沒看見的事（而且堅定不移）。他找到了正確的鑰匙，解開了先前計畫的結，把勝利從仇恨和愚昧中釋放出來。

在我們自己的生命裡，我們也會面對同樣多的問題，也會受制於種種相互衝突的考量和信念，被它們拖往數不清的方向。不論是個人生活或工作，在我們盼望能有所成就的每一條路上，都有障礙和敵人。馬丁・路德・金恩（Martin Luther King Jr.）說：每個人的內心都有一場激烈的內戰——在好與壞的衝動之間，在野心與原則之間，一邊是我們能夠成為的樣子，另一邊是真正成為那樣的艱難。

在這些衝突中，在這場內戰裡，沉靜就是那條大河，就是各條鐵路的交會點。它是重中之重，是**鑰匙**，讓我們能——

清晰地思考。

綜觀全局。

做出艱難的決定。
管理好情緒。
認出正確目標。
處理高壓處境。
維持人際關係。
建立好習慣。
有建設性。
保持身體強健。
感到充實。
把握歡笑和喜悅的時刻。

沉靜是關鍵，一切的關鍵。

沉靜讓你成為更好的父母，更好的藝術家，更好的投資人，更好的運動員，更好的科學家，更好的人。沉靜解鎖我們人生中能夠成就的一切。

你也可以找到沉靜

能深深專注到心中閃現一片靈光或靈感的人，都知道沉靜是什麼。在某件事上發揮得淋漓盡致，為大功告成而寬慰，為知道自己已傾其所能、毫無保留而自豪，是沉靜。在萬眾矚目下跨步向前，將所有練習灌注在一剎那的表現，是沉靜——即使那個表現是激烈的動作。與卓然不群的智者相交，親見他們頃刻解決困擾我們幾個月的難題，是沉靜。在雪夜裡獨自走在寂靜的街上，瞥見燈光輕輕照拂雪花，為活著的喜悅油然一陣心暖，是沉靜。

原本盯著白紙一張，渾然天成的句子卻接二連三莫名湧上，不知來處；站在潔白的細沙上看向大海，或是看著大自然的任何一處，感到自己是某個大於自身存在的一部分；在安靜的夜裡與深愛的人共處；為自己幫了別人一把而滿足；靜靜坐著，只與自己的思考相伴，在思索的同時第一次思索自己竟有思索的能力——都是**沉靜**。

當然，解釋何謂「沉靜」有時而窮，我們現在在談的東西在某種程度上無法言詮。詩人里爾克（Rainer Maria Rilke）說過，沉靜是「充實、圓滿」，「一切任意與近似，盡歸默然」。

老子講過：「雖名得道，實無所得。」[2]有位禪師被弟子問到禪何處尋，他回答說：「你是騎著牛找牛。」[3]

你嚐過沉靜的滋味。你在靈魂中感受過它。而現在，你希望能更加沉靜。

你**必須**更加沉靜。

因此，這本書的目標並不宏大，它只是想告訴你怎麼發現和運用我們已經擁有的沉靜。它要談的是如何培養沉靜，如何與我們這股與生俱來、卻在現代忙碌生活中逐漸萎縮的強大力量產生連結。這本書想回答我們這個時代的迫切問題：如果沉靜的時刻是最好的時刻，如果它曾被那麼多有智慧、有德性的人讚美，為什麼這樣的時刻現在如此之少？

答案是：雖然我們可能天生就有沉靜，但運用它並不容易。我們必須用心聆聽才聽得見它的呼喚，而回應它的呼喚需要毅力和練習。喜劇演員蓋瑞．桑德林（Garry Shandling）晚年困於名聲、金錢和健康問題，他在日記中惕勵自己：「保持心靈沉靜需要莫大的紀律，你必須為此投入一生最大的努力。」

我接下來會談到很多人的故事和方法，這些男男女女都和你一樣，也必須在生命的喧囂和責任中奮鬥，但他們成功找到也駕馭了沉靜。你會讀到甘迺迪（John F. Kennedy）、弗瑞德・羅傑斯（Fred Rogers）、安妮・法蘭克（Anne Frank）、維多利亞女王（Queen Victoria）等人的故事，看見他們承受的考驗和得到的勝利。我們也會談到耶穌（Jesus）、老虎伍茲（Tiger Woods）、蘇格拉底（Socrates）、拿破崙（Napoleon）、作曲家約翰・凱吉（John Cage）、王貞治、蘿珊・凱許（Rosanne Cash）、桃樂絲・戴（Dorothy Day）、佛陀、達文西（Leonardo da Vinci）和哲學家皇帝馬可・奧理略（Marcus Aurelius）。

我們還會讀幾行詩，看幾段小說、哲學選文和科學研究。我們會盡力掃遍每個時代的每個學派，尋找能協助我們調整想法、處理情緒、駕馭身體的策略。讓我們能做得更少……也更多。完成更多，需求更少。不只感覺更好，也同時**真正**變得更好。

2 此句出自《太上清靜經》，非《道德經》。

3 《景德傳燈錄》卷九：「長慶大安禪師造百丈，禮而問曰：『學人欲求識佛，何者即是？』百丈曰：『大似騎牛覓牛。』」

要達到沉靜，我們必須把焦點放在三個領域，亦即心、靈、身永恆的三組對應——思考、情緒與肉體。

我們追求的是在每個領域減少破壞沉靜的干擾，止息我們與外在世界和內心世界的戰爭，建立外在與內在的長久和平。

你知道這正是你想要的——而且你值得擁有。所以你拿起這本書。

現在，讓我們一起回應這聲呼喚。讓我們一起發現我們追求的沉靜——並把自己穩穩鎖入其中。

第一部

心

克里希那啊，心躁動、莽撞又剛愎，
難以調伏。駕馭心似乎跟駕馭巨風一樣難。
——《薄伽梵歌》

心的領域

從約翰・甘迺迪在一九六二年十月十五日晚上就寢，到他隔天早晨起床，短短幾個小時之間，世界風雲變色。

在他睡著的這段時間，中情局（CIA）發現蘇聯正大興土木，在古巴建立中長程核子彈道飛彈基地，離美國海岸只有一百四十五公里。幾天後，甘迺迪的話震驚美國大眾：「這些飛彈，每一枚都能襲擊華盛頓、巴拿馬運河、卡納維爾角（Cape Canaveral）、墨西哥城，以及美國東南方及中美洲、加勒比海的任何一座城市。」

這就是如今眾所周知的古巴飛彈危機，後來拍成電影《驚爆13天》（*Thirteen Days*）。在甘迺迪第一次聽取簡報時，他只能先做好最壞的打算。他們推估：如果美蘇爆發核戰，第一擊就會有七千萬人喪生——但這只是推估而已，因為沒人知道真正的核戰會多恐怖。

甘迺迪能確定的是：他正面臨前所未見的巨變，美蘇長期對峙的冷戰局勢，正急轉直下。不過，不論是哪些因素造成這番局面，不論兩國之間是否終須一戰，他都得承擔起最起碼的責任：**別讓事態更加惡化**。因為進一步惡化的結果，可能是地球上不再有生命。

甘迺迪年紀輕輕就選上總統。他出身權貴之家，爸爸個性強勢，憎惡失敗。他們開玩笑說，這個家的座右銘是「別被激怒，但要還手」。由於甘迺迪當選總統前並無行政經驗，不令人意外的是：他就任一年半的表現並不算好。

一九六一年四月，甘迺迪曾嘗試從豬玀灣（Bay of Pigs）入侵古巴，推翻卡斯楚（Fidel Castro）政權，但行動失敗，顏面盡失。幾個月後，他又在維也納的好幾場外交會議上頻頻受挫，被蘇聯領導人赫魯雪夫（Nikita Khrushchev）搶去主導權（他後來說這是「我這輩子碰過最粗暴的事」）。赫魯雪夫發現他的對手政治手腕生嫩，可能也察覺到甘迺迪身體有問題〔甘迺迪患有愛迪生氏病（Addison's disease），身體長期虛弱，他也在二次大戰時背部受傷〕，遂食髓知味，一再欺騙甘迺迪，否認蘇聯在古巴部署武器，堅稱那只用於防禦。

換句話說，在古巴危機期間，甘迺迪面對的不只是政治挑戰，也是對他個人素質的嚴峻考驗。事實上，每個領導人在主政期間的某個時點，都會面對這樣的考驗。這場危機牽涉的問題很多：赫魯雪夫為什麼這樣做？他的底牌是什麼？他可能想達到什麼目的？有沒有解套辦法？甘迺迪的顧問怎麼看？甘迺迪有哪些選擇？他擔得起這個擔子嗎？他有沒有這個本事？

百千萬人的性命就在他一句話。

甘迺迪的顧問隨即提出建議，態度明確：必須傾全國火力摧毀飛彈基地。哪怕多拖一秒，都是將美國的安全與威望置於險境。顧問們也認為：突襲飛彈基地後，美軍應該全面進攻古巴，因為蘇聯和古巴的行動讓美國師出有名，而且總統先生，這恐怕是您**唯一**的選擇。

他們的邏輯既直觀又符合民情：以牙還牙，以眼還眼，人若犯我，我必犯人。

唯一的問題是：要是他們的判斷是錯的，他們也沒辦法為自己的錯負責，因為到時大家都死了。

剛上任的時候，甘迺迪曾受CIA慫恿支持豬玀灣行動，結果一敗塗地。

古巴危機時的甘迺迪不一樣了，出乎眾人意料之外，他沒有下令立刻還手，反而決定靜觀其變。他那時剛讀完芭芭拉．塔克曼（Barbara Tuchman）的《八月烽火》（*The Guns of August*），那本書談的是第一次世界大戰的爆發。讓甘迺迪印象非常深刻的是：當時的世界領袖個個過度自信，導致衝突一爆發便不可收拾。甘迺迪希望大家放慢速度，好好思考眼前的問題。

事實上，這正是領導者和決策者的首要義務。我們該做的不是「憑感覺走」，也不是死抱著我們對某個議題的第一印象。不，我們該做的是頑強抵抗機關算盡和一廂情願的誘惑，因為那樣幾乎一定出錯。要是連領導者都不花時間看清大局，還有誰能做這件事呢？要是連領導者都不從頭到尾把事情好好想過一遍，還有誰能代勞呢？

從甘迺迪在危機期間的筆記裡，我們可以看到他做的正是這件事。那些筆記像是某種冥想，好幾頁寫著「飛彈。飛彈。飛彈。飛彈」、「否決。否決。否決」或「領導。領導。領導。領導」。而其中一頁，更顯示他多麼期許自己不自私、不一意孤行：「共識。共識。共識。共識。共識。共識」。在某一次會議的筆記紙上，他畫了兩艘帆船，想用深愛的海洋讓自己冷靜下來。最後，在一張白宮用箋上，像是在提醒自己什麼是唯一要務似地，他寫下短短一句話：「我們**要求**撤除飛彈」。

也許，就在他邊聽顧問建議邊塗鴉的時候，他想起了另一本書的一段話。那本書是戰略學家李德哈特（B. H. Liddell Hart）寫的，談的是核子戰略。甘迺迪幾年前曾為這本書寫過書評，發表在《週六書目評論》（*Saturday Review of Literature*）。他當時就引用過這段話：

> 盡可能保持堅強。無論如何都要冷靜。要有無窮的耐心。絕不要把敵人逼到無路可退，永遠要給他臺階下。設身處地為他想，透過他的眼睛去看。對自以為是要避之如魔鬼——自以為是最容易讓人盲目。

在古巴危機期間，這段話成了甘迺迪的座右銘。「我覺得我們該想想俄國人為什麼會這樣做。」他對顧問們說。**他們到底想拿到什麼好處？**他問，打從心裡感興趣。「蘇聯人這樣做，一定有什麼重大原因。」甘迺迪的顧問和傳記作者小亞瑟·史列辛格（Arthur Schlesinger Jr.）寫道：「總統有理解別人困擾的能力，他看得出克里姆林宮方面的焦慮，看得出世界在他們眼中充滿威脅。」

這份理解將幫助他做出適切回應，讓他能妥善處理這次既出人意料又危險萬分的挑釁——這份理解也賦予他洞察力，讓他能看見蘇聯對他的回應將做何反應。

對甘迺迪來說，很明顯的是：赫魯雪夫之所以在古巴部署飛彈，是因為對方以為他軟弱可欺。可是，這並不代表蘇聯自認實力堅強。相反地，甘迺迪認為：只有窮途末路的國家才會出此險招（他的團隊執委會（ExComm）對這個看法討論了很久）。以此為基礎，他開始規劃行動計畫。

軍事攻擊顯然是所有選項中最不能撤銷的（不過，他的顧問也說攻擊未必百分之百奏效）。但甘迺迪在想：攻擊之後呢？軍事行動會有多少將士死傷？另外，儘管「解除核武威脅」師出有名，但堂堂大國入侵小國，世界各國會怎麼看？還有，不論是為了挽回顏面或保護駐軍，蘇聯會有多大的反應呢？

這些疑問讓甘迺迪傾向封鎖古巴。他的顧問近半數反對，嫌這種做法不夠強硬。但甘迺迪還是決定這樣做，因為這能為他保留更多選項。

封鎖也體現了甘迺迪最欣賞的策略之一：**以時間為工具**。它讓雙方都能再次思考危機的代價，也讓赫魯雪夫有機會重新評估他對甘迺迪「軟弱」的印象。

後來也有人攻擊甘迺迪的這個選擇。他們認為：為什麼非反擊蘇聯不可？飛彈有什麼大不了的，美國不是也有很多飛彈對準蘇聯嗎？甘迺迪對這種看法不是不認同，可是，就像他在十月二十二日對美國大眾演講中說的，息事寧人不是辦法：

> 一九三〇年代的教訓很清楚：如果放任侵略行為不管也不予反擊，最後會導致戰爭。我國反對戰爭，我們也言出必行。因此，我們的立場絕不動搖：我們必須阻止這些飛彈攻擊其他國家，讓它們不必退出西方陣營，也不致從西半球消失……我們不會貿然行事，冒不必要的風險，因為全球核武戰爭代價龐大，即使勝利，戰果也只有灰燼——可是，在必須面對風險的時候，我們絕不逃避。

這項決定裡最值得注意的是：甘迺迪在決策過程中何其冷靜。儘管局勢險峻，壓力龐大，可是回顧當時的錄音、謄本和照片，我們能看到參與其中的人多麼合作，又多麼開放。大家不爭執，不提高音量，不劍拔弩張（在場面開始緊繃時，甘迺迪總笑笑帶過）。甘迺迪不讓自己主導討論，也不讓任何人掌控方向。在他覺得自己在場讓幕僚不敢有話直說的時候，他會暫時離開，讓他們自由辯論和腦力激盪。他也放下黨派之見和政治嫌隙，徵詢三位仍然在世的前總統的看法，並邀請前國務卿迪安・艾奇遜（Dean Acheson）參與最高機密會議，一視同仁，平等相待。

在最緊繃的時刻，甘迺迪會去白宮玫瑰園裡一個人靜一靜（後來他特別向園丁致謝，感謝她在這場危機裡的獨特貢獻）。他會藉著游長泳來清理思緒和思考問題。他會待在橢圓辦公室裡，坐在他特製的石椅上，沐浴著從大片落地窗照進的陽光，藉此減輕背痛，不讓痼疾影響他的判斷，以免給已然悶燒的冷戰火上澆油，讓美蘇之間迅速惡化的情勢雪上加霜。

有張照片是甘迺迪背向房間，弓身向前，雙手放在千萬選民託付給他的辦公桌上。這就是肩負世界命運的人的樣子。核子強權惡意出招，讓他猝不及防。批評者質疑他的勇氣。他必須考量政治後果，必須處理個人情緒，必須承擔多到絕不該同時讓一個人承擔的責任。

可是他從容以對，沒讓這些事趕著他走。它們無法影響他的判斷，也無法阻礙他做對的事情。他是會議室裡最有定力的人。

他必須繼續保持這種狀態，因為**決定**封鎖只是第一步而已。下一步是宣布古巴周圍約八百公里為禁航區，並付諸實行（他巧妙地稱之為「隔離」（quarantine），不用更具攻擊意味的「封鎖」一詞）。然而局勢不見舒緩，蘇聯提出更多硝煙味十足的指控，兩國代表在聯合國繼續交鋒。質疑甘迺迪決定的國會領袖不乏其人，十萬大軍仍然在佛羅里達州待命，以備不測。

接著出現的是不折不扣的挑釁：一艘蘇聯油輪無視封鎖開向隔離線；一艘蘇聯潛艦升上水面；一架美國 U-2 偵察機在古巴上空遭到擊落，飛行員身亡。

世界兩大強權的熱戰一觸即發，實際情況甚至比大家以為的更加凶險——有些蘇聯飛彈原本推估只組合了一部分，此時竟已完成武裝，隨時可以發射。

雖然大眾對此並不知情，但仍**感覺**得出恐怖的氣氛。

甘迺迪會讓情緒影響表現嗎？他會退縮嗎？還是他會承受不住壓力而崩潰？

不。他不會。

「我擔心的不是第一步，」他對顧問道出自己的憂心，「而是雙方相持不下，繼續加碼到第四步、第五步——不過不會有第六步了，因為到時候沒人能活著走第六步。我們必須不斷提醒自己：我們在走一條非常危險的路。」

還好，甘迺迪給赫魯雪夫的喘息和思考空間，及時得到了回報。十月二十六日，危機發生十一天後，赫魯雪夫總算致信甘迺迪，說他發現僵局難解，雙方像是在拉一條中間打結的繩子——戰爭之結。雙方愈是用力，結就愈打不開，最後只有拿劍斬斷繩子一途。他接著又抛了一個更生動的比喻，不但適用於地緣政治，也適用於日常生活。「如果大家都不展現政治家的智慧，」他說，「最後一定跟盲鼠一樣相撞、衝突，開始相互毀滅。」

危機就這樣化解，來得突然，去得也突然。蘇聯明白自己站不住腳，也發現測試美國決心的計策失敗，於是表示願意透過談判撤除飛彈。蘇聯船隻不再推進。甘迺迪也準備好了，他保證美國不入侵古巴，給蘇聯及其盟友一個下臺階。他也暗地告訴蘇聯：他願意撤除美國在土耳其的飛彈，不過要緩幾個月，免得別國以為他會屈從壓力背棄盟友。

甘迺迪以清明的思考、智慧與耐心，不為複雜而挑釁的表象所囿，洞穿這場衝突的根源，拯救全世界免於核子浩劫。

我們或許能說：至少在這短短十三天裡，甘迺迪達到《道德經》裡的澄澈之境。在他化解核戰危機時，他：

豫兮若冬涉川，
猶兮若畏四鄰，
儼兮其若客，
渙兮若冰之將釋，
敦兮其若樸，
曠兮其若谷，
渾兮其若濁。

用道家的說法，他讓心中混濁的水沉澱，所以能看清虛實。借用古羅馬皇帝奧理略的描述來說（這位斯多噶哲君本身也化解危機無數），甘迺迪「像海浪拍擊的岩石，巍巍聳立，不為所動，任湧浪平息於腳下」。

我們每一個人在生命中都會遇上危機。代價也許不像古巴危機那麼嚴重，然而對我們來說，還是像泰山壓頂一般：生意瀕臨崩潰；婚姻慘痛破裂；對事業走向做出抉擇；一肩挑起整場比賽的成敗等等，這些情況需要我們集中全部心神，情緒化的反射回應——草率、不經思考的回應——絕對是不夠的。如果我們想把事情做對，就不能如此；如果我們想展現最好的一面，更不能如此。

面對危機的時候，我們需要的是甘迺迪的定力。像他一樣冷靜自持、思考開放、心懷同理，像他一樣把真正重要的事看得清明。

遭逢危機時，我們必須：

完全活在當下。

清空成見。

放慢速度。

靜靜坐下，思考。

排除分心。

權衡他人建議與自身信念。

仔細思考，保持敏銳。

為了人生成就，為了安度人生拋出的諸多危機，我們必須培養定力。

這並不容易，可是是必要的。

在甘迺迪剩下的短短餘生裡，他擔心大家弄錯重點，以為在古巴危機中，他值得學習的部分是英勇不屈，力抗蘇聯，威脅他們再不撤退就以優勢武力回敬。不，他值得學習的部分，是冷靜、理性地扮演好領導者的角色，不被魯莽、輕率的聲音帶著走。這場危機之所以能順利化解，該歸功於甘迺迪不僅把持住自己的思考，也了解下屬的想法。在往後的日子裡，美國還是需要不斷運用這些特質。古巴危機的一課不是**武力**，而是耐心、相互信賴和謙卑的力量。既節制又堅韌；既要有先見之明，也要全神貫注於當下；既要同理對手，也要守住信念；既要獨自靜默思考，也要尋求有智慧的建議。

若能多多採取這種作風，世界會變得多好？你的人生能變得多好？

甘迺迪跟林肯一樣，並不是天生就懂沉靜。他中學時是個叛逆小子，經常闖禍，大學念得吊兒啷噹，甚至當參議員都當得不太用心。他有他的缺陷，他也犯過很多錯。可是，透過努力——透過你也做得到的努力——他克服了這些弱點，培養出助他順利度過這恐怖的十三天的鎮定。怎麼努力？在大家幾乎都忽略的幾件事上努力。

這就是我們接著要談的重點——掌握我在這個部分歸納為「心的領域」的事。因為我們想要完成的每一件任務，都取決於把這些事做對。

專注當下

別依戀將來，不論它多麼迷人！
讓逝去的過去埋葬它自己！
行動——在活生生的當下行動！
赤忱在心，蒼天在上！

——亨利・華茲華斯・朗費羅（Henry Wadsworth Longfellow）

二〇一〇年，紐約現代藝術博物館（MoMA）舉辦了一場特別的展覽，名為「藝術家在場」（The Artist Is Present）。這場展覽是為了回顧瑪莉娜·阿布拉莫維奇（Marina Abramović）四十年的創作生涯，光是名稱便已預示這是場不同凡響的演出。想當然耳，瑪莉娜會以某種方式在場。

不過，沒有人認為她真的會**全程**在場。

畢竟，怎麼可能有人能在椅子上坐七十九天，總計七百五十個小時，與一千五百四十五個陌生人四目相對，卻全程靜默，保持不動，從頭到尾不分神，甚至不去洗手間，而且沒有助手？她真的想做這種事？她做得到嗎？

有人去問她的前男友兼搭檔烏雷（Ulay）：她真的會這樣做嗎？他說：「我對此沒有任何想法，有的只是敬佩。」

這場演出簡單直白：六十三歲的瑪莉娜編起長髮，披到肩上，走進空盪的展間，坐上一張硬梆梆的木頭椅，凝視坐在對面的人，如此而已。前後將近三個月的時間，她與一個又一個參觀者對望，一個鐘頭又一個鐘頭，一天又是一天。每次對視結束，她總垂下目光，集中精神，再重新凝視下一張臉。

瑪莉娜說這場演出的主旨是：「清空自己，讓自己能切切實實在場，在此時此地，在當下。」

「在當下」真的那麼難嗎？有什麼大不了的？

與她對望過的觀眾，絕不會問這種問題。對有幸親身體驗這場演出的人來說，這簡直有如宗教經驗。見到一個人全然活在當下已屬難得；感受到對方全神貫注於你，把精神全都放在你身上，彷彿世上再也沒有比這更重要的事，更是稀罕；何況她這麼專注，維持了這麼久。

很多觀眾掉下眼淚。每個都說，排隊幾個小時是值得的。那就像看著某種鏡子，從中第一次感受自己的生命。

請想想看：只要瑪莉娜稍微閃神，只要她開始發呆，坐她對面的人馬上感覺得出她心不在焉。要是她心思放得太緩，身體放得太鬆，她可能會睡著。如果她不抵抗常人皆有的生理感覺——飢餓、不適、痠痛、想上洗手間等等——她不可能不動或起身。而她一旦開始想還要演出多久，時間會緩慢到難以忍受。可是，她以僧侶般的自律、戰士般的力量，摒除所有雜念，心無旁騖地活在此時此刻。她必須凝神當下，她必須全心關注與她面對面的人，而對方分享的經驗，必須是她此刻最在意的事。

「大家不懂：最難做的事其實是幾乎不算回事的事。」阿布拉莫維奇談這場演出時說：「這需要你完全投入……你無可逃避，只能倚靠自己。」

活在當下需要我們全力以赴，絕非不算回事。相反地，這也許是世上最困難的事。

站上講臺準備演講的時候，我們的心思往往不在眼前的任務，而在聽眾對我們的觀感。這怎麼可能不影響我們的表現呢？面對危機時也是一樣，我們想個不停的往往不是怎麼處理，而是「怎麼這麼不合理」、「為什麼老是發生這種鳥事」、「怎麼可能行不通」，在我們最需要穩定情緒、專注心神的時候，為什麼我們老是在不必要的地方發洩情緒、虛擲精神？

即使夜深人靜，我們想的還是哪些地方需要改進。就算美景當前，我們想到的不是好好欣賞，而是**趕快把它拍下來**。

我們不在當下……所以我們不斷錯過。錯過生命。錯過展現自己最好的一面。錯過**看見**眼前的東西。

很多排隊想看瑪莉娜演出的人，也流露出這種傾向。大門一開，他們就忙不迭地直奔瑪莉娜的展間，匆匆略過她創作生涯中同樣令人驚豔的其他作品，只因為他們想盡快看見「最特別的」那個。排隊的時候，他們從頭到尾躁動不安，不斷聊天，設法消磨時間。有的人開始打盹，靠在彼此身上。有的人拿出手機看看，放回去……再拿出來。有的人開始計劃輪到自己時要做什麼，天馬行空地想到時候會是什麼場面。有些人偷偷盤算要些小噱頭，巴望自己能紅個十五秒鐘。

在這段時間，他們錯過了多少平凡的驚喜？

這讓你不得不好奇：在他們體驗過瑪莉娜的演出、見識過真正活在當下之後，在他們感到心靈得到昇華、步出美術館之後，回到紐約街頭的他們，是否能重新感受這座都市叢林的活力？或者更可能是這樣：他們馬上陷入忙碌的生活，變回那個滿是分心、焦慮、幻想、不安和自負的自己？

簡單來說：他們會不會變回大家平常大多數時候的樣子？

我們往往沒有活在**此刻**。事實上，我們經常巴不得擺脫當下，用思緒、忙碌、聊天、擔憂、回憶、期望等來塞滿它。為了讓自己不感無聊，我們甘願花幾萬塊錢買支手機擺在口袋。我們報名參加一大堆活動、給自己攬一堆事、拚命賺錢或追求成就，天真地以為這樣就能得到幸福。

托爾斯泰（Tolstoy）悟出過一件事：愛不可能存在於未來，只有當下的愛是真實的愛。仔細想想，你會發現這個道理幾乎適用一切，我們想的、做的和感受到的基本上都是如此。在最重要的比賽裡，最好的運動員一定全然活在**當下**。心身合一，化入此刻。

切記：成就、條理、慧見、幸福和平靜都不在未來，它們只在此刻。

「此刻」指的不是一刻鐘或九百秒。真正的此刻是我們選擇存在的當下，不戀過去，不貪未來。真正的此刻有多長，取決於我們能不念往事、不憂未來或不盼他日多久。此刻可以是幾分鐘，也可以是一個早上，甚至是一年——只要你能活在當下那麼久。

如作家蘿拉．英格斯．懷德（Laura Ingalls Wilder）所說：**現在就是現在**。它絕不會變成別的東西。

牢牢抓住它！

面對困境或機會的時候，哪個人本事大到能漫不經心隨意回應？哪種交情深厚到經得起相處時心不在焉的考驗？誰敢篤定一定有下次，所以這次可以放心大膽錯過？我們在後悔過去和擔憂未來上浪費的精力愈少，就有愈多精力能用在眼前的事。

我們要學著像藝術家一樣看世界：在別的人對周遭事物視若無睹時，藝術家真的在**看**。他們全神貫注，諦觀禽鳥飛的方式、陌生人拿叉子的方式，還有母親凝視孩子的方式。他們不罣礙明天，只深思如何捕捉和傳遞這份經驗。

藝術家活在**當下**。是這份沉靜造就他們的才華。

此刻經驗的當下是禮贈（所以「present」既指「當下」，也指「禮物」）。即使當下如千斤重擔，不堪負荷，我們也只有這個當下。所以，就讓我們培養安住當下的能力，以我們擁有的一切，感激當下的豐美。

別因為此刻跟你期待的不完全一樣，就嫌它艱苦或無聊，逕自逃避。別因為你不安或羞怯，就虛擲美好的此刻。盡你所能運用你的遭遇，活出生命所有可能。這就是卓越，這就是當下的潛能。

禪修時，師父總教弟子把注意力集中在呼吸。**吸，吐。吸，吐。**在運動場上，教練也總強調「過程」（process）——**這**場比賽，**這**次訓練，**這**個動作。這不只是因為當下極其重要，也是因為要是你心不在焉，你絕對無法表現出最好的一面。

設法讓自己活在當下，能讓我們過得更好。耶穌要門徒別為明天憂慮，一天的難處一天當就夠了。換個方式說就是：你們現在已經有很多事該做了。把注意力放在它上頭，不論它多小或多不重要。展現出你現在能展現的最好一面。別理會閒言閒語。別拖延，別把事情不必要地複雜化。專注此刻，**完全**投入。

活在當下。

就算你以前做不到，也沒關係。

這正是當下的美妙之處——它會不斷出現，讓你再試一次。

節制接收資訊

資訊量暴富，則注意力赤貧。
——司馬賀（Herbert Simon）

領軍作戰時，拿破崙習慣延後回信。他會要祕書等上三個星期再打開信件，在終於看到信件內容的時候，他總樂得發現多少「要事」已自行解決，不勞他回覆。

拿破崙的領導作風雖然奇怪，但他從來沒有怠忽職守，也始終了解手下官員和將士的動向。為了掌握真正重要的事並及時處理，他必須篩選資訊，決定只有哪些人、哪些事值得他動腦。

基於同一原因，他要信差絕不要為**好消息**叫醒他。但如果有壞消息——如果發生不利戰事的危機或緊急事態——一定要立刻向他報告。「有壞消息一定要立刻叫醒我，」他說，「一刻都不能等。」

對生活忙碌的人來說，這兩種處理方式都值得學習，因為我們得到的資訊實在太多了。想思考清晰，就必須找出過濾資訊的辦法，排除無足輕重的，留下事關緊要的。光是深思明辨還不夠，領導者必須創造深思明辨的空間和時間。

在現代社會想做到這點並不容易。政治學家從九〇年代就開始研究所謂「CNN效應」：二十四小時毫不間斷的媒體報導讓人疲於奔命，政治人物和CEO現在很難好好思考，只能不斷回應。資訊量過多，什麼芝麻小事都被放在顯微鏡下放大，各種揣測繪聲繪影到處傳播，我們的腦袋已無法負荷。

現在，不只總統和將領需要面對CNN效應，每個人都得處理這個問題。今天，我們接收的資訊已經遠遠超過真正用得上的。我們告訴自己非知道這些事不可，以為這樣才能「掌控全局」，於是，我們把珍貴的時間花在新聞、簡報、會議和其他種種反饋上。即使沒盯著電視，我們還是任由自己被八卦和爆料包圍，為各種瑣事分心。

我們不能再這樣下去。

「若有心長進，」愛比克泰德曾說，「應安於對與己無關之事無知或愚鈍。」

雖然遲看信件讓寄信者不是滋味，也讓自己漏掉一些八卦，但拿破崙安於這樣做，因為他不必費神處理別人的芝麻小事，他們得自己解決。我們也要培養同樣的態度——給事情一點空間，不要一發生新鮮事就迫不及待吞下去，遲一兩季得知最新潮流或文化現象沒什麼大不了的，別讓你的信箱主宰你的生活。

重要的事你就算晚點知道，它還是重要。不重要的事呢？等到你遲一步聽說的時候，它不是暴露自己無關痛癢了，就是自動消失了。保持沉靜，不跟風，不虛擲精神。這樣才能好整以暇，把你**全部的**注意力集中在值得思考的事情上。

我們有追逐資訊的衝動，不論是人人瘋狂的電視節目、最新謠傳的業界流言、譁眾取寵的新聞報導，還是突然爆發的緊張危機，我們無所不追（偏偏世上危機不斷，從中東、非洲、亞洲，到氣候、世界銀行、北約峰會，爆點無所不在）。我們也有當包打聽的衝動，總希望自己是掌握最多情報的人，什麼八卦都聽過，每個人生活裡的任何一件事都不錯過。

可是，這股衝動代價不菲，不只賠上我們的心靈平靜，也讓我們平白失去很多可貴的機會——如果我們能更有定力、更自信、把眼光放得更遠，不是能把這些心力用在真正有意義的事情上嗎？

一九四二年，天主教社會運動者桃樂絲．戴在日記中告誡自己同一件事。「關掉妳的收音機，」她寫道，「放下妳的報紙。看看一週大事就夠了。把時間花在閱讀上。」**書**，她的意思是多讀書。書裡充滿智慧。

不過讀書過頭未必有益。

十八世紀醫生兼詩人約翰．費瑞爾（John Ferriar）有詩一首：

> 朝暮思之，輾轉反側，
> 悲夫！求書不得之苦！

重點是：被資訊淹沒時，很難清晰思考、穩健行事（當然更不可能快樂）。所以律師總愛用大量文件淹沒對手，情報單位也總會以海量文宣欺敵，讓敵方弄不清虛實。這種招數有個渾名叫「分析**癱瘓**」（analysis paralysis），這可不是巧合。

可是我們卻用這招對付自己！

拿破崙叱吒風雲一百五十年後，另一位名將也同樣遇上真假資訊大量湧入的問題。他後來成為美國總統，他就是艾森豪（Dwight D. Eisenhower）。他的解決辦法是：只要與情報有關，就嚴格按照指揮鏈呈報。沒拆閱過的信不准給他，沒徹底討論過的問題也不准問他。有太多重責大任需要仰賴他的定力，所以價值不夠的資訊他只能置之不理。他為此設計了一種分類資訊和問題的方式，現在稱為「艾森豪矩陣」（Eisenhower Box），依急迫性和重要性的比例排列優先順序，製成象限圖。

艾森豪發現：不論在時局或職場上，有很多事情是急迫但不重要的。在此同時，大多數真正重要的事在時間上並不趕。

歸類接收到的資訊讓他能善用人力，讓幕僚不致反射性地回應所有情報，反而能運用策略思考，分辨哪些事是重要的，哪些事只是**看似**重要而已。他們應該深入了解真正重要的事，而非同時接收很多事，但都只知皮毛。

的確，不論是將領、總統或銀行總裁的一級主管，首要任務都是管控直通大老闆的人數。他們要扮演好守門員的角色：不准串門打擾，不准呈報瑣事，不准偏離正題。如此一來，老闆才能看見全貌，才有時間和空間思考。

因為如果老闆無法好好思考這些問題，沒有人可以。

在《沉思錄》（*Meditations*）裡，奧理略說：「隨時自問：『真的有必要理會這件事嗎？』」

你的第一個、也是最重要的任務是：知道什麼不必想，什麼該忽略，什麼不必做。

一行禪師說：

> 在我們能深切改變人生之前，我們必須留心食物，留心自己的進食方式。我們必須不再吞進毒害自己的東西。這樣一來，我們最好的一面才能浮現，我們才不再是憤怒和挫折的受害者。

食物如此，資訊亦然。

俗話說的好：**進來的是垃圾，出去的就也是垃圾**。如果你希望交出好的東西，就必須留意接收的東西。

這需要自律，並不容易。

這代表你要把手機切換到勿擾模式，減少提醒和通知。這代表你要封鎖不斷湧進的訊息，把信件過濾到子文件夾。這代表你該質疑「隨時歡迎相談」政策，甚至慎選你的住處。這代表你要把好事之徒拒於門外，不讓他們拿東家長西家短害你分心。這代表你要以**哲學式的眼光**看世界——也就是以更長遠的眼光看世界——而非分分秒秒追更新。

一早起床神清氣爽、不為外物所擾的感覺，值得認真保護。讓你能把自己關在裡面好好工作的地方，也值得認真保護。別讓不請自來的干擾帶走這種感覺。築起藩籬，建立適當的滑槽，把那些急迫但不重要的事交給該處理它們的人。

沃克．柏西（Walker Percy），美國南方最偉大的小說家之一，在《蘭斯洛》（*Lancelot*）裡有段十分動人的敘述。這本小說以柏西自己的經歷為本，講述他與自己的疏懶和耽溺享樂搏鬥的故事。在書中，心煩意亂的敘事者走出他的密西西比大宅，多年來第一次駐足。他暫時擱下了心事，經驗此刻。「人可能像米開朗基羅的大衛像那樣嗎？赤裸裸地獨自佇立，神態自若，手腕微曲置於身側，沒有助援，一臉專注……陷入寂靜？」他問。

> 可以。人可以的。我仔細聽，什麼事也沒發生，一點聲音也沒有：河上沒有行舟，路上沒有卡車，甚至連蟬聲都沒有。我不聽新聞會怎麼樣嗎？不會怎樣。什麼事也沒有。我突然明白，我一直害怕寂靜。

定在沉靜裡，我們才能活在當下，看見真實。定在沉靜裡，我們才能聽見心裡的聲音。

如果我們傾聽良知的時間跟聽八卦廣播一樣多，世界會多不一樣？如果我們回應信念的速度跟回手機訊息一樣快，世界會多麼不同？

豈料我們甘願聆聽噪音，接收垃圾訊息，對一切資訊照單全收。

我們恐懼寂靜。我們擔心自己顯得遲鈍。我們總是害怕漏掉什麼。我們不敢當大大方方說「不，我沒興趣」的壞人。

我們寧可陷入這般境地，也不願看重自己，展現自己最好的一面。

我們對道聽塗說趨之若鶩，卻不願培養沉靜，管好自己吃進的資訊。

心放空

放空即超凡入聖，即道。
——阿波研造

二〇〇二年是肖恩·格林（Shawn Green）加入洛杉磯道奇隊（Los Angeles Dodgers）的第三季，也是他大聯盟生涯最低潮的一年。嗜血的媒體對他冷嘲熱諷，球迷也不遑多讓，在他上場打擊時噓他。道奇隊經營層開始懷疑他的能力——我們每年付一千四百萬美元給這傢伙，結果他打成這樣？

他已**好幾個星期**沒得分了，該不該把他晾上板凳？還是把他交易掉？還是把他扔回小聯盟算了？

格林知道這些疑慮，每一個在工作上遇到瓶頸的人，都對這些耳語心知肚明。他按捺不住心裡的雜音：**你是怎麼回事？**為什麼就是打不好？平常的手感都到哪裡去了？

擊球原本就幾乎是不可能的任務。打者必須在極短的時間裡看、決定、反應、揮棒，緊盯一顆小球從十八公尺外的投手丘投出，以時速一百四十五公里的速度朝你飛來。**四百毫秒**，這是球從投手丘到本壘的速度。揮棒擊球簡直違反物理常識，這是所有運動裡最難的動作。

球員在低潮期萌生的焦慮和懷疑，讓擊球更加困難。名教練尤吉·貝拉（Yogi Berra）早就警告過了：「胡思亂想是打不到球的。」

隨著一次次揮棒落空，格林覺得球彷彿變得愈來愈小。他試著仰賴長年修持的佛法，以免這個惡性循環毀了他的職業生涯。他不向雜念屈服，設法完全放空，因為他知道愈是在意，愈適得其反。他提醒自己不要有與低潮對抗的念頭，盡可能完全不想這件事。

這看似弔詭，實則不然。「人脆弱如蘆葦，但總是想個不停。」讓佛法在西方廣傳的禪學大師鈴木大拙說：「可是最偉大的作品，都是在不算計、無思無想時完成的。多年修持忘我之藝，無非是為了恢復童心。恢復童心之人思而不思。」

格林走出低潮的方法不是求教專家，也不是重新設計打擊動作。他知道自己必須擺脫導致失常的有害念頭——對合約的忐忑，對自己的期許，家裡的壓力，還有媒體的批評。

他必須把這些統統趕出腦袋，讓訓練成果自然呈現出來。

二〇〇二年五月二十三日，格林不斷告訴自己的就是這些。道奇隊與釀酒人隊（Brewers）之戰正陷入膠著，道奇隊昨晚以一比〇勉強獲勝，但前天晚上輸了比賽，而格林狀況不穩，讓人難以期待。所以，那天早上他走進練習場時，他希望自己能重新開始。從打擊場一路練到擊球座，他緩緩地、耐心地、沉靜地清空思緒。每一次擊球，他都設法專注於身體動作：腳怎麼放，怎麼站定……不掛念過去，不憂心未來，放下球迷，放下打擊出去的渴望。他真的停止了思索，開始喃喃念一句禪宗偈語：**劈柴擔水，無非妙道**。劈柴擔水，無非妙道。劈柴擔水，無非妙道……

別想太多。打就是了。

別想。**揮棒**。

那天他才上場打擊，就一連拿到兩個好球。他心裡不禁嘀咕：**難道會繼續**

低潮下去嗎？怎麼沒完沒了？為什麼還是搞不定？但他不在這些念頭上鑽牛角尖，任它們浮現、消失，等待塵埃落定。他深吸一口氣，再次放空，像比賽前的球場一樣空。

接著他屏氣，凝神。第三球飛馳而來——**乓！**右外野方向一支扎扎實實的二壘安打。

到了第二局，迎面而來的是一記內角快速球。格林牢牢站定，把注意力全部集中在前腳，像把它釘在地上一樣。他緊盯球路，揮棒——球立刻朝反方向飛去，高高越過右外野牆。一支三分全壘打。他在第四局再度擊出全壘打，球往右中外野方向飛去，落向觀眾區。到了第五局，他又擊出一記左外野方向的全壘打。這是找回手感的明證。第八局，他再次打出一支一壘安打。

低潮總算結束。

他這一場的戰績已有五支五，教練打算讓他下場，但格林希望能再打一棒。

現在他要忍住不讓心思朝另一個方向飄，干擾他的不再是懷疑，而是興奮。**你棒極了。竟然有這種事！還會打出安打嗎？你會寫下紀錄！**

勢頭正旺時的雀躍，跟陷入低潮時的自我懷疑一樣有害。兩種心情都妨礙表現，都讓已經很難的事變得更難。

格林第六次、也是最後一次走上打擊區的時候，他告訴自己：「現在思前想後毫無意義。」他清空思緒，像小聯盟新人一般享受比賽。

放下壓力。置身當下。單純為能站在這裡而開心。

第三球是切球，朝內角下沉，低於膝蓋高度。對格林這種左打者來說，如果正處低潮，這種球帶猶如黑洞；但若打得正順，這種球易如反掌。格林揮棒，連教練都說這一棒像慢動作一樣，打者身心皆與球棒合一，球直奔右中外野方向而去，飛得又高又遠，直到擊中室內球場的內牆，再彈回球場。

格林的隊友在休息區瘋狂歡呼的時候，他依舊平靜低調，小跑步跑完壘包，像前三次全壘打一樣。從他淡定的身影，你一定看不出來：他已成為史上第十四位單場打出四支全壘打的球員。他這場比賽的成績是六支六，壘打數十九，七個打點，或許是棒球史上表現最傑出的單場比賽。全場兩萬六千七百二十八名觀眾全部起立鼓掌——而且這還是客場！不過，格林把這些喝采全部放下，反應如常。他脫下打擊手套，將此情此景拋諸腦後，保持心的淨空，準備下次比賽。[4]

格林不是第一位修持佛法的棒球員，史上最偉大的全壘打球員王貞治也是佛教徒。王貞治的師父告訴過他：禪的目的是「進入空境……無聲、無色、無感的空境」。不論在禪堂、打擊區或投手丘，修行的目的是空。

更早以前，中國哲學家莊子講過：「唯道集虛，虛者，心齋也。」奧理略也說過，唯有「斷除攀附於心的雜念，讓心不惦過去，不念未來」，才能「讓這顆球體（指心）在沉靜裡歡欣」。很妙的是，要是把奧理略這句話放進第二天的《洛杉磯時報》（*Los Angeles Times*），用它為道奇隊與釀酒人隊的這場比賽破題，也非常貼切。事實上，奧理略的哲學前輩愛比克泰德真的談過運動，他說：「要是在接或拋時緊張或焦慮，比賽還怎麼比？怎麼保持鎮定？怎麼看出對手的下一步？」

對運動員來說是如此，人生也是一樣。

深思熟慮的確很重要，專門知識無疑是成功的關鍵，無論對領導者、運動員或藝術家來說，都是如此。問題在於：我們經常不假思索地思索過多，結果成了心猿意馬，任潛意識裡的雜念狂奔，讓平時的訓練無從發揮（其實只要心亂，就不可能發揮實力）。我們的疲憊、壓力和煩躁……竟然都是自己的心害的！

可是，只要我們能像格林一樣把心放空，留出空間，自然能迎來靈感和突破。完美的揮棒與球完美結合。

「空」的概念有個美麗的弔詭。

《道德經》說：沿著「空」捏塑黏土，黏土就成了能盛水的壺。而壺裡的水之所以能倒進杯子，也是因為杯子沿「空」而塑。[5]事實上，塑陶、盛水和倒水的空間，本身也是以四個邊圍「空」而成。

懂了嗎？透過「無」，我們能獲得「用」。創作歌手蘿珊・凱許錄製專輯《我心深處》（*Interiors*）的時候，在錄音室門口貼了張簡單明瞭的標語：「入此門者，當放棄一切思考」。她當然不是要工作伙伴變成不動腦的傻瓜，而是希望每一個人——包括她自己在內——全心投入，穿透表象，深入本質。她希望每一個人

---

4 格林在下兩場比賽又打出三支全壘打，三場比賽的成績是十一支十三，七支全壘打。他的球棒在最後一支全壘打時打斷，現在收藏在棒球名人堂。

5 《道德經》第十一章：「埏埴以為器，當其無，有器之用。」

專注當下，排除雜念，與音樂真正產生共鳴。

請想想看：古巴危機的時候，要是甘迺迪一直記掛豬玀灣事件的失敗，事態會怎麼發展？要是肖恩．格林不斷鑽牛角尖，拚命思考如何恢復昔日手感，會打成什麼樣子？要是他放不下不安和絕望，帶著一顆紛亂的心面對投手，比賽結果會是如何？我們都有這種經驗，在心裡對自己絮絮叨叨：別搞砸了，不能失守，別搞砸了……結果呢？結果就是表現得跟自己期望的恰恰**相反**！

所以，不論你面對什麼難題，不論你需要展現什麼特質，你的首要之務和致勝關鍵都是：別擊敗自己。別用過度思索、懷疑和揣測讓事情變得更難處理。

你兩耳之間的空間是你自己的。你不只需要管控什麼東西能進去，也必須管控在它**裡面**的運作。你必須保護它不受你自己騷擾，不被你自己的想法耽誤。不過，你不能用蠻力驅逐雜念，反而該輕柔但持續地揮開它們。你應該像圖書館員一樣，對喧嘩打鬧的小孩說「噓」，禮貌但堅定地請那個講手機的混蛋出去。

因為心是極其重要的聖域，非乾淨整潔不可。

放慢，深思

我以看得見的眼看世界，以看不見的眼見幽微。

——愛麗絲．華克（Alice Walker）

自播出以來，兒童節目《羅傑斯先生與他的鄰居》（*Mister Rogers' Neighborhood*）一直廣受歡迎，不過，片頭的第一個內景鏡頭竟然不是主持人。在鏡頭帶向弗瑞德·羅傑斯、聽他唱起如何當個好鄰居之前，觀眾會先看到一個紅綠燈，閃的是黃燈。

這個將近一千集的長壽節目，三十多年來一直用黃燈的象徵巧妙開場。它像是拋給觀眾的提示，讓他們準備好接收節目傳達的訊息——不論羅傑斯先生是對著鏡頭說話、在幻想國裡跟木偶週五大王（King Friday the Puppet）玩耍，還是唱起他自己編的歌，這個節目的每一幕似乎都在說：**慢下來，多觀察，多**

想想。

讀賓州拉特羅布小學（Latrobe Elementary School）的時候，羅傑斯曾被同學們欺負。因為他當時是個小胖子，對自己的體重也很在意，孩子們經常故意拿這點取笑他。這是很不愉快的經驗，但他善加轉化，做出膾炙人口的電視節目。「從那個時候開始，我常常在想真正的問題出在哪裡，」談到童年時，他說，「在外在行為底下，我那些鄰居究竟在想什麼？」他還把他很喜歡的一句話裱框，掛在他匹茲堡（Pittsburgh）的攝影棚，那句話是：**L'essentiel est invisible pour les yeux**。

真正重要的，眼睛看不見。

一點也沒錯：表象會騙人，第一印象也是。表象經常造成迷惑和誤解，流言蜚語也是。於是我們做出壞決定、錯過好機會，感到害怕或生氣。在我們無法慢下來好好觀察的時候，尤其如此。

看看赫魯雪夫，古巴危機的另一方。為什麼他會做出這麼反常的舉動？因為他小看了對方的勇氣，因為他急於求成，因為他沒好好想過世界會怎麼看他的行動。這個誤判幾乎帶來毀滅性後果，倉促行事的下場多半是如此。

愛比克泰德說過：哲學家的任務是剝下印象（亦即我們所見、所聽、所思的一切），詳加檢驗。他認為：在做出判斷之前，我們應該先截斷思路，檢視想法，確定自己沒有被表象所欺，沒有遺漏肉眼看不見的部分。

在斯多噶、佛家和其他數不清的學派裡，我們都能找到類似的比喻：世界如濁水，想看清它，就必須等雜質沉澱。我們不能被事物最初的表象迷惑，只要保持耐心和沉靜，真相遲早會呈現在我們眼前。

這正是羅傑斯先生想告訴孩子們的事：儘早學會放慢，這是十分重要的人生功課。他在節目裡帶出無數主題，內容無所不包（有自我價值、蠟筆的製作過程，還有離婚、遊戲）。透過這些單元，他引導孩子們認識真實的情況，以及它們的意義。他似乎天生就懂小孩子會怎麼看事情，也知道他們的困惑和恐懼是可以理解的。他幫助他們解開這些結，教他們同理和批判推理技巧，也給他們信心：只要願意花時間跟羅傑斯先生一起好好思考，他們什麼問題都想得清。

羅傑斯對大人的忠告也是一樣。「再想想，」他有一次寫信給一位遇上困難的朋友，「靜下來，好好想。這能讓世界變得完全不一樣。」

從表面上看，這裡似乎有矛盾。前一章不是才講過嗎？佛教說我們必須把心放空，才能完全活在當下。思慮過多會讓我們麻痺，什麼事也做不成。可是這裡怎麼變成我們必須仔細觀察、好好思考、深入研究，否則不但不能真的**明白**任何事，而且可能養成破壞性的行為模式，傷害到很多人？

其實沒有矛盾，因為生命就是如此。

對於大的問題，我們必須刻意地、努力地想，才能想得更好。對複雜的事也是如此。對了解某個人、某件事或生命本身的實相，更是如此。

對九成九的人都不思考的那種問題，我們必須勤加思考；在旁人都把九成九的時間用在毀滅性思考的時候，我們必須懂得喊停。

十八世紀的日本禪師白隱慧鶴，曾嚴厲批判以為「無所思」即是開悟的人。他要求弟子使出全力用心思考，故意問他們一些莫名所以的問題（例如：「一隻手拍掌是什麼聲音？」、「你出生之前長什麼樣子？」、「狗有沒有佛性？」等等），這些故事即是「公案」。

公案沒有簡單答案，這也正是它的目的所在。禪師就是要弟子深思上幾天、幾週，甚至幾年，讓他們的心變得愈來愈澄澈，實相浮現之時，便是他們開悟之日（就算他們沒能開悟，在這番試煉之後，心也會變得更為強大）。

白隱禪師告訴弟子：「開悟的剎那，你全身盜汗，心神完全集中，一切頓時清明無比。」「悟」如光明照破深不可測的奧祕，根本真理變得清晰剔透，如在眼前。

人人都能達到這種境界嗎？

是這樣的：悟境絕非一蹴可幾，光是專注於清晰明確的事物，或是持守最先冒出的念頭，並不能讓你開悟。想看見真正重要的，你必須仔細去看；想了解它，你必須認真去想；想掌握幾乎人人參不透的道理，你必須付出努力。

但如果你做得到，這不只對你的職涯生活有益，還能帶給你平靜和安適。

羅傑斯還有另一個歷久彌新的洞察，每次發生重大悲劇，這個提醒總會再次成為熱門話題。「永遠記得求助，」他會對被新聞嚇壞、甚至對社會感到幻滅的小觀眾們說，「一定有人想伸出援手。到處都有醫生、護士、警察、消防員、志工、鄰居和朋友，他們都很樂意在你遇到麻煩時幫助你。」

別笑，這絕不是不負責任的安慰。這個忠告是羅傑斯小時候從媽媽身上學到的。他從小就愛探詢意義，對於在別人眼中只有痛苦、憤怒和恐懼的事，他總想找出其中好的一面，藉此尋求慰藉。最後，他以這種方式將它傳達出來，即使他已去世多年，這個建議仍繼續把世界推往好的方向。

我們有很多痛苦源於不深思熟慮，單憑本能行事。我們犯的很多錯也是出於同樣原因。憑本能行事只是回應幻影，只是武斷地以仍待檢驗的印象做出反應。我們急得不願停下來戴上眼鏡，卻奢望能**看**得清楚。

把心放空的下一步，是放慢速度，仔細思考。規律地、真正地進行思考。

……思考對你來說什麼是重要的。

……思考實際上發生了什麼事。

……思考可能有哪些看不見的問題。

……思考下一步該怎麼走。

……思考人生的意義究竟是什麼。

編舞家崔拉．夏普（Twyla Tharp）談過如何進行思考，她的建議很值得我們參考：

在房間裡獨自坐定，任思緒飛馳，這樣做一分鐘……試著把這種放空的心神漫遊拉長到每天十分鐘，接著開始留意你的思維，看看有沒有哪個字或目標浮現出來。如果沒有，試著把這個練習延長到十一分鐘、十二分鐘、十三分鐘……直到你摸索出適當的長度，知道自己需要多少時間讓有趣的東西跑出來。蓋爾語（Gaelic）說這種心緒狀態是「不孤寂的寂靜」。

只要你願意為思考付出時間和精神，你不但能發現有意思的東西（或是你的下一個創作計畫），也能發現真理。你能看出別人遺漏的面向，也能找出眼前難題的解決方案。你將靈光乍現，或是察覺蘇聯人在古巴部署飛彈的動機，或是發覺如何推進事業，或是領悟沒來由的暴力的深層意義。

尋求答案的過程像釣魚，你得往深處探。釣魚難道不必放慢速度？難道不必既放鬆、又對環境變化高度敏銳？最後，你總算釣到潛伏於深處之物，一鼓作氣將它拉出水面。

開始寫日記

隨身帶筆記本。帶著它旅行，帶著它吃飯，帶著它睡覺。把天馬行空飄過你腦海的念頭全都記下。

——傑克．倫敦（Jack London）

十三歲生日那天，早熟的德國難民安妮．法蘭克收到她夢寐以求的禮物：一本紅白相間的「簽名簿」。雖然依照這本冊子原本的設計，它應該是給朋友簽名和寫下回憶的，但安妮在櫥窗裡一看到它，就想用它來寫日記。於是，她的父母送這本冊子給她當生日禮物。一九四二年六月十二日，安妮寫下第一篇日記，她說：「但願我能把所有的心事都告訴你，因為我沒有別人可以訴說，但願你能成為我最大的慰藉和支持。」

在當時，沒人想得到她會需要多少慰藉和支持。寫下第一篇日記後第二十四天，安妮與她的猶太家人不得不銷聲匿跡，躲進她父親在阿姆斯特丹的倉庫小閣樓。他們接下來兩年都在那裡度過，只盼望納粹不會發現他們。

看得出來安妮為什麼想要一本日記。她剛剛進入青春期，本來就經常感到寂寞、恐懼、無聊，現在又得跟六個人擠在狹窄又不透氣的閣樓。一切顯得那麼令人窒息、那麼陌生，又那麼沒道理。她需要情緒的出口。

她的父親奧圖（Otto）說，安妮並不是天天寫日記，但只要她感到沮喪或遇上問題，就一定會寫。她對什麼事感到困惑或好奇時也會寫。在這樣侷促的空間裡，寫日記對她來說像是心理治療，讓她有地方卸下憂煩，道出她對一同躲藏的家人和同胞的想法。日記裡深具洞見的佳句很多，其中一句顯然是度過很不愉快的一天之後寫的。「紙，」她寫道，「比人有耐心多了。」

安妮也用寫日記自省。她說：「要是每個人都能在一天結束時稍加回顧，反省自己一整天的行為，還有做對、做錯了哪些事，那麼，每當新的一天開始，人自然而然會想做得更好，一段時間之後，一定會有很大的進步。如此一來，人可以變得多高尚和善良啊！」她發現寫作能讓她像旁觀者一樣觀察自己。在荷爾蒙讓人變得更加自我的青春期，她不斷寫也不斷檢視，藉此挑戰也改進自己的想法。儘管死亡就在門外窺伺，她還是努力要讓自己成為更好的人。

從古到今，勤練日記之藝的人多得不可勝數，彼此之間的差異也非常大。較著名的有：奧斯卡．王爾德（Oscar Wilde）、蘇珊．桑塔格（Susan Sontag）、馬可．奧理略、維多利亞女王、約翰．亞當斯（John Quincy Adams）、拉爾夫．愛默生（Ralph Waldo Emerson）、維吉尼亞．吳爾芙（Virginia Woolf）、瓊．蒂蒂安（Joan Didion）、肖恩．格林、瑪麗．切斯納特（Mary Chesnut）、布萊恩．考波曼（Brian Koppelman）、阿內絲．尼恩（Anaïs Nin）、法蘭茲．卡夫卡（Franz Kafka）、瑪蒂娜．娜拉提洛娃（Martina Navratilova），還有班傑明．富蘭克林（Benjamin Franklin）。

他們都寫日記。

有些人早上寫，有些人偶爾寫，還有人像達文西一樣，隨時隨地帶著筆記。二次大戰之前，甘迺迪每次旅行都寫日記。當上總統之後，他也經常在白宮用箋上寫筆記或塗鴉（研究顯示塗鴉能增進記憶），既是為了記錄，也是釐清思緒。

這些人的名字如雷貫耳，列出來顯然讓人卻步。但我們要記得：安妮．法蘭克寫日記時才十三、十四、十五歲而已，如果她做得到，我們憑什麼打退堂鼓？

斯多噶哲學家塞內卡似乎都在晚上寫作和自省，跟安妮的習慣一樣。他告訴朋友，在黑夜降臨、妻子就寢之後，「我會檢視這一整天，回想自己做了什麼、說了什麼，毫無保留，絕不遺漏」，然後才上床睡覺，「自省之後睡得特別香」。讀過他作品的人，都感覺得出他在這些夜裡有多沉靜。

傅柯（Michel Foucault）討論過一種古代文類叫「hupomnemata」，意思是「給自己的備忘」。他說日記是「心靈之戰的武器」，是哲學訓練，是滌除不安與愚昧的方法，是克服困難之道。寫日記能關閉你心裡的雜音，能反省已經過去的今天，為即將到來的明天做好準備。記下你聽聞的慧見，花點時間感受智慧從指尖流出、鑄入紙張的感覺。

最好的日記不是為讀者而寫，而是為**作者自己**而寫。放慢思緒，把平靜帶給自己。

寫日記能讓你扎扎實實地質問自己：我目前處在什麼狀態？今天有哪些事還可以改進？我為什麼會為那種事生氣？今天有哪些事值得感謝？為什麼我這麼在乎別人怎麼看我？我逃避了哪些艱難的抉擇？我有控制住自己的恐懼嗎？

還是讓恐懼控制了我?今天這些事讓我看見自己的哪一面?[6]

寫日記的好處已經有很多人作證,相關研究結果也令人不得不信服。有份研究顯示:寫日記能改進創傷或壓力事件後的生活品質。亞利桑那大學(University of Arizona)的一份研究也顯示:離婚的人若能透過日記回顧這份經驗,能恢復得更好,也更容易邁入新的階段。心理學界同樣推薦寫日記,因為它有助於病人停止強迫行為,協助他們整理原本會吞沒他們的情緒、心理和外在資訊。

一點也沒錯。寫日記讓我們卸下心裡的包袱,把負擔擺到紙上。寫日記逼我們好好寫下想法加以檢視,不縱容興之所至的判斷和毫無根據的立論。把自己的想法寫到紙上,能讓你拉開距離,用更冷靜的方式看待它。儘管焦慮、恐懼和挫折常常讓我們方寸大亂,失去客觀,寫日記能幫助我們保持公允。

怎麼開始寫日記最好?應該在哪個時間寫?每天該寫多久?都可以。

寫日記的**方法**遠遠不如寫日記的**原因**重要。為什麼要寫日記呢?為了與自己的思緒獨處,為了釐清這些思緒,也為了把有害的想法跟有益的分開。

寫日記的方法沒有對錯，**寫就對了**。

如果你以前寫過日記，後來不寫了，重新開始吧！也許你這次能持之以恆，關鍵在騰出時間，就從**今天**開始。法國畫家德拉克洛瓦（Eugène Delacroix）講過，斯多噶主義猶如帶給他安慰的宗教。在堅持寫日記上，他也遇過跟我們一模一樣的掙扎：

> 中斷好一陣子之後，我又開始寫日記了。各種刺激讓我心神不寧，我困擾已久。我在想，寫日記也許能讓我平靜下來。

對極了！

日記的意義正在於此。誠如作家茱莉亞·卡麥隆（Julia Cameron）所說，日記是心靈的雨刷。它能讓你每天花點時間自省，這既需要你展現沉靜，也培養你的

6 如果你想為寫日記找些動力，可參考拙作《每日斯多噶日記》（*The Daily Stoic Journal*）。

沉靜。它帶你暫時抽離世界。它鼓勵你計劃明天。它是你回應一整天煩惱的機制。它提高你的創意，幫助你放鬆，也讓你思考更清晰。

一天寫一次、兩次、三次都可以。找出自己的節奏。

只要記得：這也許是你一天裡最重要的事。

養靜

所有深刻的東西，及其蘊含的情感，皆從靜生，
必有靜隨……靜是宇宙的獻禮。
——赫曼．梅爾維爾（Herman Melville）

作曲家約翰．凱吉年少即好靜。一九二八年，在洛杉磯中學（Los Angeles High School）的演講比賽上，他試著說服評審和同學：美國應該訂定全國靜默日。他對聽眾說：持守靜默，終能「聽見別人的思考」。

這是凱吉一生對靜的探索和實驗的開始。他始終想知道靜的意義究竟是什麼，也不斷探問這種自律而生的靜能擦出什麼火花。

高中畢業後，凱吉開始多方嘗試。他是個熱愛觀察的人。他遠行歐洲，學畫，教音樂，也譜寫古典樂樂曲。凱吉出生在一九一五年的加州，一生從未忘

懷機械化時代到來之前的生活。隨著世界日益現代化，科技逐漸改寫產業和工作內容，他開始發現一切變得多麼嘈雜。

「現在不論在哪裡，我們聽見的大多都是噪音，」他說，「奇怪的是，不理它時，它讓我們心煩；聽了之後，又欲罷不能。」

對凱吉來說，靜未必是沒有聲音。他喜歡卡車以八十公里速度開過的聲音，喜歡收音機的靜電干擾聲、擴音器的嗡嗡聲，還有水滴聲。最重要的是，他重視被我們鬧烘烘的生活忽略或蓋過的聲音。

一九五一年，他參觀了一間消音室，那是當時世界最先進的隔音間。但即使在那裡，他那高度敏銳的音樂家耳朵還是聽見了聲音。兩種聲音，一個高，一個低。後來跟工程師談起的時候，他驚訝地發現：那兩種聲音竟然是他的神經系統和血管發出的。

我們有多少人體驗過這般寧靜？周遭的雜音和人聲，竟然降到能讓你聽見自己的生命脈動！你想像得到嗎？你**受得了**這種寧靜嗎？

凱吉從阻隔不必要的噪音得到靈感，寫出他最知名的作品〈4'33"〉。這首曲子原名〈靜默的祈禱〉（Silent Prayer），他想讓這首曲子跟時下流行歌一樣——

四分鐘左右，可以現場演出，也可以在收音機播放。唯一不一樣的地方是：〈4'33"〉這首曲子是「毫不間斷的寧靜」。

有些人覺得這是荒謬的玩笑，簡直是杜象（Duchamp）式的諷刺，根本是在嘲弄「音樂」的概念。從某個意義上說，的確如此（凱吉覺得要是把這首「歌」賣給罐頭音樂公司，在電梯裡播，一定很有趣）。不過，〈4'33"〉其實也是凱吉長年鑽研禪學的心得，畢竟禪講究空虛中見圓滿。他為這首曲子寫的演奏指示也帶著矛盾之美：「以嚴謹的動作演奏，音量放到最大」。

事實上，〈4'33"〉想表達的並不是徹底的靜——它想傳達的是：在你不跟著製造噪音之後，能體驗到什麼？這首曲子在紐約伍茲塔克（Woodstock）首演，由鋼琴家大衛．都鐸（David Tudor）擔綱演出。[7]「根本沒有『靜』這種東西，」凱吉談到首演時說，「他們以為的靜，其實充滿各式各樣的聲音，只是他們不知道怎麼聽。第一樂章時，能聽見外面的風聲。第二樂章，雨滴開始

7 二〇一五年，一集深夜脫口秀錄下由貓演奏的版本。

打在屋頂上。等到第三樂章，觀眾自己也發出各種有趣的聲音，像講話聲和離場聲。」

哲學家芝諾（Zeno）早就講過：我們有兩個耳朵，但只有一張嘴，不是沒有理由的。如果你能停下來仔細聆聽，世界會變得很不一樣。

我們有太多時候被噪音左右。耳機聲（我們還特地選降噪耳機，好讓自己聽得更清楚……另一種噪音）。影片聲。電話聲。可是在時速九百六十五公里的波音七四七上，機艙裡明明很靜，卻坐了一群千方百計逃避安靜的人。大家寧可反覆重看同一部爛電影，或是聽某個討人厭的明星接受愚蠢的訪問，卻不願停下來好好體驗難得的寧靜。他們寧可把心關上，也不願好好用心。

湯瑪斯．卡萊爾（Thomas Carlyle）說：「思考唯在靜中得見其功。」如果我們希望能想得更深，就必須抓住靜默的時光。如果我們希望得到更多靈感——或是產生更多洞見、獲得更多突破、提出新而宏大的見解——就必須為它們騰出更多空間。我們必須離開吵雜、刺激、容易分心的舒適圈。我們必須開始聆聽。

赫爾辛基（Helsinki）市中心有座體積不大的建築，叫康匹教堂（Kamppi Chapel）。嚴格來說，它並不是禮拜場所，可是它跟任何一座教堂一樣靜——甚至更靜，因為它沒有回聲，沒有風琴，也沒有嘎吱作響的門。因為它其實是靜默教堂（Church of Silence），向這座繁忙的城市裡所有想找一絲寧靜的人開放。

走進裡頭，只有靜。

璀璨、聖潔的靜。讓你真正開始**聽**的那種靜。

藍道・史都曼（Randall Stutman）是炙手可熱的商業顧問，曾為很多企業領袖和商業鉅子提供諮詢。與幾百位大公司的資深主管共事之後，他發現：不論他們停工時是駕船出航、長途騎單車、聽古典音樂、水肺潛水、騎摩托車或釣魚，他們的充電方式有一項共同點——**沒有聲音**。

這些人都很忙碌，都需要團隊合作，每天做出的高風險決定數不勝數。可是只要避開喧鬧、嘮叨和打擾幾個鐘頭，純然沉浸於思考（或不思考），他們就能恢復精神，重獲平靜，進入沉靜——即使他們實際上動個不停。就算耳邊水聲潺潺，甚至放著韋瓦第（Vivaldi）的曲目，他們終能真正聆聽。

我們都必須在生命裡培養這種時刻，降低音量，減少接收的訊息，讓自己對當下發生的一切覺察得更深。安靜下來——哪怕只是安靜片刻——我們才聽得見世界一直想告訴我們的事，還有我們一直想告訴自己的事。

靜謐如此少見，正說明了它多麼可貴。好好珍惜。
不要恐懼寂靜，因為它能教我們很多。用心求靜。
手錶的滴答聲正告訴你時光飛逝，一去不回。仔細聽。

追求智慧

沉著的智慧值得付出一切。

——德謨克利特

希臘，公元前四二六年，有位雅典人問德爾菲（Delphi）神廟的女祭司：有沒有人比蘇格拉底更有智慧？

她的回答是：沒有。

蘇格拉底竟是最有智慧的人？大家對此都很驚訝，蘇格拉底本人更是詫異。

蘇格拉底不像大家公認的智者那樣無所不知，也不像某些裝腔作勢的人那樣宣稱自己無所不知。相反地，他總是謙稱自己懂的不多，而且花了不少時間真誠地告訴別人自己所知有限。

然而，這正是他成為智者的祕密，正是他數千年來被視為智慧典範的原因。蘇格拉底去世六百年後，羅馬作家第歐根尼．拉爾修（Diogenes Laërtius）

寫道：蘇格拉底之所以這麼有智慧，是因為「他唯一知道的事是自己無知」。更了不起的是，他知道自己不懂什麼，也總是樂於知道自己錯了。

我們今天稱為「蘇格拉底法」的討論方式，是他當年的對話習慣。他總愛到處問人問題，對對方的見解追根究柢，弄得他們煩不勝煩。**你為什麼這樣想？你怎麼知道的？你的證據是什麼？為什麼這樣？為什麼那樣？**

蘇格拉底從不固執己見，總是敞開心胸追尋真理——亦即追尋**智慧**。這讓他成為雅典最出色、也最有挑戰性的人——直到雅典法庭殺害他為止。

沒有不重視智慧的文化或學派。希伯來文的智慧是「חכמה」（chokmâh），伊斯蘭教裡的對應詞是「hikma」，這兩種文化都相信神是智慧的無盡之泉。希臘文的智慧是「sophia」，到拉丁文中變成「sapientia」（所以人的學名是「Homo sapiens」，智人）。伊比鳩魯派和斯多噶派都以「sophia」為核心，他們認為智慧要靠經驗和研究才能獲致。耶穌要門徒智慧像蛇，純潔如鴿。〈箴言〉第四章第七節也說：「追求智慧是最切要的事」。

佛教徒以「般若」稱智慧，他們認為智慧是了悟實相。孔子及其門人也勸人培養智慧，訣竅就如匠人習藝：唯勤而已。荀子講得更明確：「學不可以已……

君子博學而日參省乎己，則智明而行無過矣。」

各個學派對智慧的詮釋或有不同，但有些主題是共通的：必須提問；必須深入研究，仔細省察；謙虛對求知十分重要。經驗（主要是失敗和錯誤的經驗）的威力是打開眼界，讓我們看見**真理**，有所**領悟**。從這個角度來看，智慧是一個人的格局，是累積經驗和能力，讓自己跳出窠臼，不像懶惰的學習者那樣掉入成見的陷阱。

你現在讀這本書，也是在追尋智慧的路上邁出一步。但千萬別就此止步，這本書只是古代思想和歷史的入門而已。對於讀書不求甚解又一曝十寒的人，托爾斯泰從不掩飾他的不悅，他說：「我實在不懂，人生在世，豈可不與曾佇於人間的智者交流？」另一句話說得更犀利，現在已成老生常談：不讀書的人不比文盲強到哪裡去。

帶著傲慢閱讀和為了肯定自身偏見而閱讀，同樣沒有好到哪裡去。希特勒（Adolf Hitler）在一次大戰之後曾短暫入獄，在牢裡讀了幾部史書。然而，他非但沒有從書裡學到任何教訓，反而只得到一個結論：「我確認我的看法是對的。」

這不是智慧，甚至稱不上愚蠢，這叫喪心病狂。

我們也必須勤覓良師，請他們在追尋智慧的路上引導我們。以開創斯多噶派的芝諾為例：他原本是事業有成的商人，有一天在書舖裡聽見有人朗讀蘇格拉底的教導，大為折服。但光是折服還不夠，是他的**下一步**帶他走上追尋智慧之路——他走向那個人，問他說：「我該去哪裡找這樣的人？」佛教的「出家」（pabbajja）原意是「向前」，代表求道的開始，意義深重。芝諾當時就是這樣：回應呼召，決志向前。

芝諾的老師是一位名叫克拉底（Crates）的哲學家。克拉底不但帶他閱讀大量經典，也像所有偉大的良師一樣，協助他提升個人修為。芝諾原本十分在意別人對他的看法，是克拉底幫他改掉這個毛病。克拉底有一次甚至故意把湯倒在芝諾身上，讓他知道根本沒人會對他指指點點，甚至沒人注意。

佛陀的第一位老師是阿羅邏伽藍（Alara Kalama），他是苦行僧，教佛陀基本修行技巧。佛陀學盡阿羅邏伽藍所能傳授的一切之後，繼續拜入鬱陀羅摩子（Udraka Ramaputra）門下，後者也是很好的老師。正是在師從鬱陀羅摩子的這段時間，佛陀發現當時各種法門的侷限，開始考慮另闢蹊徑。

如果連芝諾和佛陀都需要求教於人才能進步，我們**當然**也需要，光是能承認這點就是不小的智慧！

向你崇敬的人請教他們的學習歷程，看看別人推薦什麼書。如果是蘇格拉底就會這樣做。更重要的是增加經驗，多多嘗試。考驗自己。接受挑戰。讓自己熟悉面對不熟悉的事物。透過這些練習拓展視野和知識。有智慧的人之所以能保持沉靜，是因為他們**見多識廣**，對一切了然於心。他們知道可能出現什麼狀況，因為他們已跌過跤，犯過錯，學到教訓。你也應該如此。

與複雜難題較量，與深刻問題一搏。待大腦如肌肉，腦力跟肌力一樣需要鍛鍊。用堅持、嘗試和練習讓自己變得更強。

千萬不要以為智慧之路平直康莊，充滿光明和讚美。智慧不會立刻帶給你定力和清明，恰恰相反，它甚至會讓問題變得更加晦澀——黎明之前必有黑夜。

切記，蘇格拉底坦誠面對自己有所不知。這並不容易，畢竟戳破自己的錯覺並不好受，發現自己並沒有自己以為的聰明，往往也令人感到羞恥。

不過，發現令人困惑和充滿挑戰的問題的，一定是最勤奮的學生，只有他們能察覺自己和世界的破綻。這讓人不自在——直面錯謬怎麼可能讓人自在？

但沒關係的。

用赫魯雪夫的比喻說，這總比跟盲鼠一樣橫衝直撞、最後相互廝殺來得好。

我們要學會與疑問共處，仔細品味它，跟著它走。

因為疑問的另一面，即是真理。

不自大，要自信

不要用地位定義自己，否則失去地位，自信也跟著消失。
——科林・鮑威爾（Colin Powell）

公元前一千年，以色列人與非利士人在以拉谷（Valley of Elah）對峙。雖然氣氛緊繃，但兩軍陷入僵持，勝負似乎遙遙無期。非利士的巨人歌利亞（Goliath）出來向以色列人叫陣，吼道：「以色列人孬夠了嗎？派個人來單挑！」

整整四十天，以色列沒有一個人出來接受跳戰，連國君掃羅（Saul）都沒有反應。如果說歌利亞是被自大和傲慢沖昏了頭，以色列人就是被恐懼和懷疑嚇破了膽。

這時，牧羊少年大衛（David）出現了，他來看他在軍隊裡的三個哥哥。聽到歌利亞叫陣之後，他非但沒像整個軍隊那樣畏縮，反而**自信地**認為自己可以擊敗歌利亞。這小子瘋了嗎？他怎麼可能打贏人高馬大的歌利亞？

「放羊的時候，要是有獅子或熊逮了我的羊，」大衛對哥哥們說，「我一定追過去打牠，從牠口中救下我的羊。要是牠轉過來對付我，我一定抓住牠的鬚，把牠打死。我打死過獅子也打死過熊，這個非利士人的下場會跟牠們一樣。」

大衛的自信來自經驗，而非自大。他遇過更危險的情況，但赤手空拳解決了問題。

大衛知道自己的能耐，也清楚自己的弱點。「穿上這個我沒辦法打。」他試過鎧甲之後，說：「我不習慣。」他展現的是真正的自覺（當然，也展現出他的信仰）。

歌利亞怎麼看這個小不點對手呢？他的反應跟每一個惡霸一樣：嗤之以鼻。他吼道：「你把我當狗嗎？就拿根棍子？」他說：「你來！看我不撕了你，拿你的肉餵鳥和野獸！」

他自大不了多久了。

大衛跑向歌利亞，一手拿著投石器，另一隻手拎著河邊撿來的幾顆石頭。

電光石火之間，歌利亞想必看見大衛眼中的自信，第一次為之一怯。但來不及了，他還沒來得及反應就丟了性命，死於大衛用投石器穩穩擲出的一顆小石子。他的頭被自己的刀割下。

這場打鬥也許是真的，也許是寓言，但對於自大的危險、謙虛的重要和自信之必要，這是表達得最好的故事之一。

自大狂也許是最難享有平靜的一種人，他們心裡永遠狂風大作，籠罩著浮誇和不安的瘴氣。他們總是貪多嚼不爛，也四處樹敵，隨時都在跟人起衝突。他們無法從錯誤中學到教訓，因為他們根本不認為自己會犯錯。事情只要沾上他們就會變得複雜，因為凡事都得**以他們為中心**。

對深陷自大的人來說，人生是孤獨而痛苦的。想想川普：晚上回到白宮，只能自己穿著浴袍對新聞咆哮，妻子跟兒子都離他遠遠的。想想亞歷山大大帝：一而再、再而三地喝得不省人事，只為了一點愚蠢的爭執就殺了自己最好的朋友，滿腦子只有征服。再想想霍華．休斯（Howard Hughes）：晚年自己關在豪宅裡做白日夢，自顧自地為一些瘋狂的計畫興奮不已（而最後一定親自搞砸）。

這些人的確功成名就，不可一世，可是，你想跟他們換嗎？

自大有個雙胞胎兄弟，雖然比較不引人側目，但也同樣有害，它常常被稱為「冒牌貨症候群」（imposter syndrome）。

這種焦慮會纏著你不放，在你耳邊嘮叨你不夠格做現在做的事——而且別人遲早會發現。莎士比亞（Shakespeare）把這種感覺形容得入木三分：你像是偷了件袍子穿在身上，但你明明知道這件袍子對你來說太大。作家卡夫卡的父親專橫跋扈，待人嚴苛，讓他從小飽受冒牌貨症候群之苦。他說感覺就像銀行員做假帳，一面瘋了似地瞞天過海，一面擔心東窗事發。

可是，這種不安幾乎完全是自己的空想。

別人根本沒空等你出糗，他們有自己的問題要煩惱！

自大和冒牌貨症候群是兩個極端，何不讓自己擁有客觀、合理的自信？這是你應得的，而且，這也是**沉靜**。

格蘭特的父親是個目空一切、我行我素的人，經常涉入陰謀和做出醜事。格蘭特引以為戒，警惕在心，後來也真的成為一個冷靜而自信的人，更像他沉靜但堅強的媽媽。這也造就了他的偉大。

南北戰爭之前，格蘭特遭遇了一連串挫折，日子過得相當拮据。在聖路易（St. Louis）時，他的生活捉襟見肘，必須賣柴為生。沒人想得到一位西點軍校畢業生會窘迫至此，昔日軍中袍澤看到之後非常震驚：「天啊，格蘭特，你在幹什麼呀？」他只淡淡地說：「我在解決貧窮問題。」

能這樣回答的人是有自信的人，是即使艱苦仍能保持平靜的人。格蘭特無法選擇自己的際遇，但他不讓這些打擊影響他對自己的評價，也竭盡所能扭轉逆境。為了謀生而工作有什麼好自怨自艾的？這有什麼好丟臉的呢？

大家也經常提到格蘭特戰時毫不動搖的自信。在別的將領認為大勢已去、投降在即的時候，格蘭特始終堅定不移。他知道自己必須鍥而不舍，持續奮戰。他更清楚的是：失去希望和冷靜，對戰事一點幫助也沒有。

雖然格蘭特此後否極泰來，不但屢戰屢勝，還當上總統，擔任世界領袖整整八年，但他仍維持一貫的淡定。依記者查爾斯・達納（Charles Dana）觀察，格蘭特是「毫不造作的英雄人物，不為失敗沮喪，也不為勝利得意」。卸任總統後，格蘭特重訪他和妻子貧困時住過的小木屋。看到總統當年的老房子，他的助理不禁感嘆：從小木屋到白宮，多麼激勵人心的故事啊！簡直跟史詩一樣。

但格蘭特只是聳聳肩，說：「是嗎？我倒從沒這樣想過。」

這也是自信。自信的人不需要讚美和榮銜，也不會為了讚美和榮銜沾沾自喜。因為自信是誠實認識自己的優點和弱點，而這份認識能讓一個人獲得更大的成就：平靜的內心，清明的思考。

自信的人知道什麼才是真正重要的，他們知道什麼時候不必理會別人的看法。他們不會為了高人一等而自誇或撒謊，只會為了目標全力以赴。自信是立下自身標準的自由，是不讓自己汲汲營營於證明自己。自信的人不怕別人提出異議，也不會以改正錯誤為恥。

自大的人就不是如此。他們會為了質疑而不安，卻又困於傲慢，不斷自吹自擂，故作姿態。自大的人不懂自我檢視，也不准別人檢視他們，因為他們知道自己會被看破手腳。

自信的人則心胸開放，樂於反省，他們能不帶偏見地看待自己。這些特質能排除不必要的衝突、不安和怨懟，為沉靜留下空間。

你呢？在自大狂和冒牌貨症候群的光譜上，你位於何處？

人生不可能盡如人意。即使是天才和大師，在學習新東西和探索新領域的時候，也會遇上一道道關卡。自信與否，決定了這些關卡是惱人的折磨，還是迷人的挑戰。如果每次遇上不順遂的事就自怨自艾，久而久之，即使**順心如意**，你也無法樂在其中，因為你已習慣用懷疑和不安質疑一切。這樣的人生有如地獄。

當然，沒有「百分之百的自信」這回事，人也未必能隨時隨地保持自信。我們有時候會動搖，有時候會懷疑自己，有時候也會遇到新的狀況，一切變得充滿不確定。可是，我們要學著看穿亂局，冷靜自持，為自己找回自信。甘迺迪在古巴危機中就是如此。他遇過很艱難的挑戰，例如二次大戰時他的魚雷艇遭到擊沉，他在太平洋上漂流，生還機會似乎十分渺茫。但他挺過來了，也學到寶貴的一課：恐慌解決不了問題，魯莽行事很難得救。他還發現：只要保持冷靜，就能依靠自己度過難關。所以在古巴危機於一九六二年十月爆發之際，他告訴自己：照《八月烽火》的看法，一次大戰之所以一發不可收拾，是因為各國領袖莽撞行事。現在考驗來了，我絕不能失去鎮定，讓後世史家又寫本《十月烽火》引以為戒。能否保持鎮定仍在他掌握之中，知道這點，讓他獲得自信。

這就是關鍵所在。不論是自大的人還是缺乏安全感的人，其實都是以缺點界定自己——前者是掩蓋缺點，後者是緊抱自己的缺點不放，讓缺點一再顯現出來。這兩種人都不可能沉靜，因為沉靜無法以缺點為基礎，它需要立足於力量。

這就是我們該留意的事。

別餵養不安全感。別餵養自命不凡的幻覺。

它們都是沉靜的障礙。

要自信。它就在你身上。

放下

有所求而為，遠不及以智慧瑜伽而為。
把心思放在行動，而非行動帶來的收穫。
不要為求收穫而行動，該做的事永遠不要停手。
——《薄伽梵歌》

弓道大師阿波研造授藝的時候，從不把焦點放在彎弓射箭的技巧。他幾乎不教學生怎麼瞄準、怎麼射，只要他們一心拉弓，直到箭「如瓜熟蒂落一般」射出。他更注重傳授一項重要的精神功夫：放下。「阻礙你的，」他有一次對弟子奧根．海瑞格（Eugen Herrigel）說，「是你太過執著（willful will）。」所謂執著，指的是有意掌控或指揮每件事的進度和過程，殊不知我們只是萬事萬物的一部分。大師說海瑞格的瓶頸是執著，是執著讓他無法**真正**進入他有心追求的弓道。

阿波研造希望弟子學會不以射中目標為念，他甚至希望他們學會放下結果。「射中目標只是外在證明，」他說，「證明你達到無念的最高境界，你高興叫這種境界『無我』、『去我執』也可以。」

這種境界就是**沉靜**。

可是……「放下」跟「無念」聽起來似乎不太有建設性，不是嗎？然而，這正是阿波研造希望弟子領悟的弔詭。他大多數的弟子也跟我們一樣，希望老師能告訴他們該做什麼，最好再示範一下該怎麼做。習藝不是該**勉力**為之？執著不正是**堅持**的根源？從我們小時候上學開始，想追求卓越，哪件事不需要執著？想有所進步，怎麼可能不靠執著？想正中靶心，怎麼不靠執著？

好吧，我們來解釋一下。

你有沒有發現，有時候我們愈想得到某個東西，愈期待能獲得某種成果，就愈難做到？射箭和高爾夫都是很好的例子。愈是**集中全力**想打中那顆小白球，就愈容易揮桿落空。愈是死盯著它就打得愈差，就算打中也是把它打到林子裡。射箭也是一樣，花在瞄準的心力愈多，注意姿勢的心力就愈**少**（新手常是如此）。而你要是太在意技巧等枝節，你一定無法放鬆，動作僵硬。特種部隊有句話說的好：「慢則順，順則快。」

所以，沉靜其實是讓你表現更好的方式。不論你緊抓不放的是方法還是特定結果，鬆都比緊讓你擁有更多掌控力。

像阿波研造這樣的弓道大師一定很清楚：進入二十世紀之後，他所傳授的技藝已不再攸關生死，現在不學射箭也能生存。可是，修習弓道的其他層面還是很重要：專注、耐心、呼吸、毅力、澄明，以及最重要的——放下的能力。

不論技藝、運動或生活，我們都需要放鬆，需要保持彈性，需要排除有礙我們發揮的事物——包括我們對特定結果的執著在內。演員不是用想的進入角色，而是要放下自我、擯除小技，沉浸在角色裡頭。企業家不是挨家挨戶打探機會，而是敞開自己，體察身邊的細微變化。喜劇演員也是這樣，有心栽培孩子的家長亦應如此。

「沒人不想臻於化境，」阿波研造說，「可是幾乎每個人都在鑽研策略，耍弄某種淺薄、做作、機巧的小手段。但是，這些奇技淫巧到頭來不能給你什麼。」

雖然看似弔詭，但想掌握心的領域，就必須放下對「掌握」的執著。想達到沉靜，就必須每個步驟全神貫注，擁抱過程，停止**追逐**。不**想破頭**才能想得更好。

不論學的是弓道、瑜伽還是化學，學習者往往對該主題有強烈動機。他們想得到成果、提升段位，或是拿到更好的分數。於是他們千方百計抄捷徑，希望能盡快跳過不必要的步驟，直達最具噱頭的部分。結果他們變得很難教，在發現這門學問不如想像中好學之後，也很容易打退堂鼓。他們不在當下，心態封閉，所以也學不到東西。

在阿波研造的道場，只有在弟子完全放下，甚至拋開瞄準的念頭，在他們不斷朝幾呎之外的乾草捆練射好幾個月之後，他才會終於宣布：「現在可以開始練習射靶。」不過，就算他們射中了，他也不會給予任何讚美。

如果他們正中紅心，他只會對他們說：「繼續練，當沒發生。」但相反地，即使他們完全射偏，他說的話還是一模一樣。要是學生希望他多給一點建議，他會回答：「別多問，**練就對了**。」

他希望他們在過程中忘我，放下他們對弓道的一切既定印象。他要他們專注當下，放空，敞開——這樣他們才有**學**的空間。

在印度教、佛教、錫克教和耆那教中，蓮花都是重要象徵。蓮花好不容易才從池塘或河裡的淤泥鑽出，但出水之後卻不繼續長向天空，只靜靜漂在水面。據說佛陀不論走到哪裡，足下都生出蓮花。蓮花也以某種方式表現出放下：儘管它美麗、純潔，但它謙沖自牧，不高不可攀，同時既親近又出離。

我們期待達成的就是這樣的平衡。如果我們追求的是生命裡的報償——不論報償是財富、權力，或是別人的肯定——我們不可能射中目標；如果我們一心一意只想著命中靶心，我們會忽略過程，以及射箭所需的技藝——阿波研造正是這樣告誡弟子的。我們該做的是從現在開始不斷練習，並放下執念。

功力愈是爐火純青，就愈不會執著特定結果。愈是能與人合作、發揮創意，就愈不至於妄自尊大和產生不安全感。心愈平靜，成效也愈大。

唯有沉靜能化解難題。唯有放下求成之心，才有可能達成最困難的目標。

下一步……

心的鍛鍊能化恐懼為愛。
——約翰．凱吉

達成目標都必須付出代價，因為代價高昂，我們不能為蜚短流長或車馬喧囂分心。我們追求的洞見經常被雜音淹沒，我們必須用心找出它們。我們必須能看得更深，察人之不察，見人之未見。

所以我們必須不為雜音所動，把精神集中在真正重要的事物。我們要專注當下，要堅持寫日記，要讓心放空。

我們要試著像奧理略說的那樣：「無視一切干擾與煩惱，把它們清個乾淨，徹底保持沉靜。」在心中構築密室或碉堡，不讓分心和成見闖入。我們有時的確能遁入其中，在那裡的時候，我們做到原先根本不認為自己做得到的事：出色的表現，澄澈的思考，深刻的幸福。

可是這種沉靜經常稍縱即逝，為什麼呢？

因為它被其他地方的騷動破壞了——不只是周遭環境中可以預見的騷動，還有我們自己身上的騷動：我們靈魂的騷動和身體的騷動。

老子說：「人心好靜而慾牽之」。[8]我們就像欣賞瑪莉娜．阿布拉莫維奇表演的觀眾，活在當下了一會兒，保持沉靜了一會兒，但回到花花世界便故態復萌，被無數欲望和壞習慣牽著走，好像從沒產生那份體驗一樣。

我們追求的並不是曇花一現的沉靜。我們希望能長保專注和智慧，即使在最艱困的環境中也不逸失。這種境界需要更多努力，也需要更全面的自我檢視。我們不只要治標，更要治本。

這本書的大前提是：心、靈和身三個領域必須保持和諧。然而，大多數人的這三個領域不但不協調，甚至還彼此衝突。於是，我們一直無法像金恩博士

8　此句出自《太上清靜經》，非《道德經》。

說的那樣：止息心中內戰，建立內在和平。

歷史告訴我們，有和平才有榮景。是戰後的繁榮讓某些國家成為超級強權，讓升斗小民成為富商巨賈。

因此，我們必須奔赴下一個戰場，平息靈魂的騷動，滌淨心靈、情緒、衝動和激情。

第二部

靈

身體麻木的時候，大多數人會感到恐懼，並盡一切可能治療。
可是在靈魂麻木的時候，我們卻不予理會。

——愛比克泰德

靈的領域

現在回過頭看，那真是高爾夫史上最精采的時刻之一，就算跟所有運動賽事相比，那場比賽還是非常令人難忘。那時是二〇〇八年六月，美國公開賽（U.S. Open）正在聖地牙哥北部的托瑞松林（Torrey Pines）球場進行，老虎伍茲在最後一洞擊出一記小鳥球（Birdie），進入十八洞延長賽。伍茲原本領先三桿，但遭逆轉，後來才以一記小鳥球追平，逼四十六歲的羅柯．梅迪亞特（Rocco Mediate）進入驟死賽。最後，伍茲在四八八碼四桿洞擊出一記小鳥球，第三度贏得美國公開賽。這是他第十四次在主要賽事中奪冠，他也因此成為高爾夫球大滿貫賽事冠軍總數第二名。

更令人詫異的是，伍茲這場比賽其實是帶傷上場：他不但前十字韌帶撕裂，腿部還有**兩處**骨折。傷成這樣還能在這麼激烈的比賽中獲勝的人，他無疑是第一位，也是最後一位。不過，光是讚美他的堅毅和決心，甚至還小看了他，因為他全程表現得泰然自若，沒人看出他受了這麼嚴重的傷。

伍茲只知道自己骨折，不曉得他的膝關節基本上完了。但無論如何，他在精神和身體上都展現出近乎非人的力量，不但頂住這場重要比賽的龐大壓力，而且神態自若，幾乎沒露出痛苦的表情。

這是老虎伍茲職業生涯的顛峰。他馬上動了緊急膝關節手術，停賽養傷六個月。沒過多久，他和瑞秋·烏奇特爾（Rachel Uchitel）的婚外情曝光，兩人被逮到一起出現在澳洲的飯店，他不可告人的祕密頓時變得人盡皆知。

妻子與他對質的時候，伍茲本來想靠撒謊矇混過關，但妻子毫不接受。幾分鐘後，伍茲倒在鄰居車道上，他的休旅車撞上旁邊的消防栓，車後窗被高爾夫球桿打個粉碎。他失去意識，只有妻子在身旁哭泣。一時之間，他彷彿得到從襁褓開始就從未嚐過的**沉靜**。

可惜這股沉靜沒有維持多久。

隨即發生的是夢魘中的夢魘：《紐約郵報》（*New York Post*）連續二十一天爆他的料：公布他的簡訊，揭發他與色情片女星和餐廳女侍有染、在教堂停車場車震，甚至跟他朋友兩個二十一歲的女兒發生性關係，他的一切不堪全被攤在陽光下。他開始接受性成癮治療，贊助商撤回贊助，離婚官司又花了一百萬美元。這一切幾乎毀了他，事實上，這種打擊可以毀了任何一個人。

接下來整整十年，他沒在任何一場主要賽事中奪冠。

一行禪師曾經這樣談過人的困境：「雖然海面看似平靜，海面底下暗潮洶湧。」老虎伍茲就是如此。他曾是平靜的代名詞，以能在龐大壓力下保持專注著稱；他勤於鍛鍊，揮桿時速可達二〇七公里；高爾夫據說是最需要定力的運動，而他多次奪冠——然而，在平和冷靜的外表下，他欲望滔滔，難以自拔。而任何一位熟悉人生之海的老船長都會告訴你：水面上的風波不重要，水面下的古怪才會讓你丟掉小命。

老虎伍茲的球技毋庸置疑。在球場上，他睥睨對手，過關斬將，克服無數困難，挺住無可想像的壓力。可是，他就是敵不過自己的心魔。

伍茲身敗名裂的種子很早就已種下。他的父親厄爾（Earl）也是個複雜的人：厄爾出身貧困，經歷過美國種族主義與隔離政策最嚴重的時期。他憑藉努力設法讀完大學，從軍後奉派越南，成為特種部隊。他的確表現傑出，戰功彪炳，但功成名就的表面下暗潮洶湧：他自戀、自我中心、貪婪，而且說謊成性。舉個簡單的例子：他在第二次派駐越南時梅開二度，可是在他帶新妻子回國之前，他的原配和三個孩子都被蒙在鼓裡。

老虎伍茲是厄爾第二任妻子生下的孩子。他出生的時候，厄爾已四十三歲，對再次成為父親毫無欣喜之情。老虎一歲時得到的「父愛」多半是被扔在嬰兒椅上，看爸爸在車庫裡練習高爾夫。也許正是因為缺乏正常親子互動，每天的「娛樂」就是看爸爸打球，老虎對這項運動產生不可思議的迷戀。他們津津樂道的家族傳奇是：老虎才九個月大就爬下嬰兒椅，拿起球桿打高爾夫球。

這個故事雖然可愛，卻也十分反常。老虎伍茲兩歲時上了《邁克・道格拉斯秀》（*The Mike Douglas Show*），在節目中展現他的高爾夫球球技。雖然觀眾相當驚豔，但當天另一位來賓吉米・史都華（Jimmy Stewart）卻不以為然。「這種天才兒童我看得多了。」他在後臺對邁克・道格拉斯說：「鬼迷心竅的父母，我也見過太多了。」

無論如何，老虎的父母的確為他花了很多心血，有心將他栽培成頂尖高爾夫球選手。他先是車庫看父親練習，把揮桿動作深深烙在腦海；後來自己也在高爾夫球場練習成千上萬個小時（這部分是拜他父親之賜，厄爾的軍人身分在高爾夫球場有不錯的折扣），把球技練到爐火純青。父母為他做出不少犧牲，不但載他到處參加巡迴賽，也為他請最好的教練。

他們做的不只如此。厄爾知道高爾夫最終是較量心理素質，所以他也努力為兒子做好準備，讓他能在嚴苛的體育界生存。從老虎大約七歲開始，厄爾就千方百計鍛鍊他的專注力。在老虎揮桿的時候，厄爾會故意咳嗽、撥弄口袋裡的零錢、摔球桿、向他扔球，或是擋他視線。「我想鍛鍊他的心智。」厄爾後來回憶道：「要是連我這些小動作都會讓他分心，他怎麼可能挺得住巡迴賽的壓力？」

不過，連厄爾自己都承認，隨著老虎年紀漸長，這些訓練變得愈來愈殘酷。他對待兒子的方式像是訓練新兵，結合「審訊戰俘技術」和「心理恫嚇」，沒有一個文明人該對另一個文明人做出這樣的事。「他會一直逼我，」老虎後來說，「把我逼到臨界點才收手。方法很野蠻。」

是的，**野蠻**。

這孩子常被父親恥笑，挖苦他竟敢癡心妄想打高爾夫；不夠專心的時候，自己的父親會毫不客氣地罵「操你媽的」。試想：要是你爸爸為了激你，成天用髒話罵你，或是問你「當個小黑鬼很爽嗎」，你會是什麼感覺？厄爾甚至會在父子對打時作弊，說是為了讓兒子保持謙卑，激勵他打得更好。老虎回想時說，爸爸是故意採用這些手段，以便把自己訓練成他心目中的樣子：「在比賽時像『冷血殺手』。」

老虎顯然敬愛父親。他說，他們其實有約定一個暗號，如果爸爸逼得太過，讓他在身體或心理上承受不了，他只要說出那個暗號，厄爾就會停手。不過，老虎說他從沒說過一次，因為他知道自己需要這種訓練，也喜歡這種訓練。那個暗號其實簡單明瞭，沒有特別的哏，也不是什麼沒意義的蠢話，這個只要講出口就能讓父親停止霸凌、用正常方式對待兒子的暗號是——你相信嗎？——**夠了**。

可是老虎不但從沒講過，父子倆還漸漸把它當成見不得人的髒話，提到時只說「那個詞」。

「那個詞」是半途而廢的人說的，只有失敗者才相信鍛鍊有「夠了」的時候。知道這些之後，誰會懷疑這個天才兒童將戰無不勝——但那些勝利不會讓他快樂？在球場上，他沉著穩重，在心裡，他急躁輕浮。

老虎的母親也不遑多讓。她曾對兒子說：「你要是敢丟你媽我的臉，我一定揍你。」請看看她會為了什麼事揍他——不是**做錯事**，而是讓她**沒面子**。除了教兒子打球之外，厄爾也很早就讓老虎看到做丈夫的「榜樣」：他在帶孩子旅行時偷情，而且經常喝得酩酊大醉。在老虎成為職業選手之前，厄爾甚至違反業餘運動規則，偷偷收下運動經紀公司ＩＭＧ每年五萬美元的資助，而ＩＭＧ最後也簽下他的兒子。

這讓他學到什麼呢？重要的只有表相，為了贏可以不擇手段——只要別被抓到就好。

換作不如他優秀、也不如他投入的選手，應該早就不堪虐待放棄了。但老虎伍茲天分極高，真心熱愛高爾夫，對這種訓練甘之如飴，所以他表現得愈來愈好。

他三歲時已能擊敗十歲的孩子；十一歲時，他與父親打十八洞通常能獲勝；七年級時，史丹佛大學（Stanford University）向他招手。在史丹佛就讀兩年期間，他獲選為全美最佳業餘運動員，也多次拿下高爾夫球業餘組冠軍。二十歲進入職業賽時，他顯然前途似錦，不但很有希望成為史上最傑出的高爾夫球選手之一，大概也會是最富有的——他與Nike和Titleist簽訂的第一張合約，就高達六千萬美元。

老虎伍茲前十五年的職業賽生涯氣勢如虹，表現之優異不但是高爾夫球史上所罕見，別的運動恐怕也找不到像他這麼成功的職業選手。能到手的獎盃他都已到手，前後拿下十四次大滿貫錦標，贏得一百四十場巡迴賽。他曾**連續兩百八十一週**排名世界第一，在PGA巡迴賽贏得的獎金高達一億一千五百萬美元。除了南極洲之外，他在每一洲都拿過冠軍。

可是對仔細觀察他的人來說，他有些地方似乎不太對勁：他沒打好就扔球桿，不顧此舉可能對圍觀的粉絲造成危險。跟交往多年的中學女友分手的時候，他逕自把她的東西打包，附上一封信寄到她父母的旅館房間。在與史帝夫·史考特（Steve Scott）的那場經典對決裡，若不是史考特好意提醒，他可能因為忘記把球標放回原位而被罰一桿。可是贏了這場比賽之後，他非但沒有向史考特致謝，反而把對方的運動家精神當成軟弱。[9]離開史丹佛大學校隊去打職

9 這場比賽之後，史帝夫·史考特娶了自己的球僮，兩人從此過著幸福快樂的日子。

業賽的時候，他甚至沒跟隊友打聲招呼。跟家人或朋友吃飯時，他吃完就走，連句話也不說。他待人涼薄，動輒與人絕交。

伍茲的教練漢克．海尼（Hank Haney）說過：隨著戰績日益輝煌，他變得愈來愈心高氣傲，他「覺得別人能認識他是他們三生有幸，他們必須照他的意思做」。其實，這正是老虎的父母灌輸給他的，他們養育他的方式有如心理實驗，待他既如王子，又如囚徒。名氣和財富更強化了這種態度，老虎後來說：「我那時覺得我努力了一輩子，值得享受身邊出現的一切誘惑。我覺得我有資格享受，而拜金錢和名氣之賜，我從來不缺誘惑。」

不難想見的是，伍茲跟很多成功的人一樣，得到的愈多，反而愈不快樂，愈不自由。他睡得愈來愈少，最後需要靠藥物入眠。儘管他愛他美麗、聰明的妻子，也愛他兩個孩子，儘管他表現出色，備受肯定，他還是痛苦不堪，心靈深受煎熬，焦慮得喘不過氣。

他意志堅強，靈魂卻千瘡百孔。有的傷是他父親造成的，有的傷是因為他失去童年，有的傷是因為他無法回答自己的質問：**我為什麼不快樂？我想要的不是都到手了嗎？**

原因不完全是老虎好勝，而是對他來說，勝利還不夠多，也永遠不會「夠了」（請看，又是「那個詞」）。他接受查理・羅斯（Charlie Rose）訪問時說：「贏的感覺很好，打敗別人的感覺更棒。」這句話是在他形象大跌、多年表現下滑、接受性成癮治療**之後**說的，可見這時的他依然故我，沒有學到教訓。他還是不懂正是這種態度讓他一落千丈。

人心不足蛇吞象——這句話說得沒錯，但更重要的是我們如何餵養這顆心。我們選擇的方式決定了我們能成為什麼樣的人，會遇上什麼樣的問題，還有我們能否變得**完整**，能否真正養成沉靜的態度。

老虎的父親在二〇〇六年過世之後，他更如脫韁野馬，不但婚外情不斷，也成天泡在夜店，很少陪伴家人。他的行為愈加乖張，個性也變得更疏離冷漠和暴躁易怒。除此之外，儘管他已三十好幾（而且是世界最有名的人之一），他竟然開始幻想放棄高爾夫，加入特種部隊，還花很多時間跟海豹部隊一起訓練。二〇〇七年時，據說他一個週末就跳了十次傘。事實上，直到今天仍持續困擾他的那些舊傷，很可能不是運動傷害，而是軍事訓練造成的——其中一次是他演練「掃蕩」房屋，結果狠狠摔到膝蓋。

儘管事業人生兩得意，他卻不安於好好享受財富、成功和家庭，反而一再出軌，沉溺於扮演軍人，陷入某種初期中年危機。「龍生龍，鳳生鳳，老鼠生的兒子會打洞」，看到此時的老虎，同時認識他們父子的人大概會這樣感嘆。老虎跟我們很多人一樣，也不知不覺複製了父母最傷人也最糟糕的習性。

重返球壇後，老虎很多年表現平平，有些人認為這正好證明自我中心是對的，他之前之所以那麼成功，就是因為他那時目中無人。也有人認為他實在不該接受心理治療，有些創痛還是置之不理更好。

這些意見似乎只把老虎伍茲當比賽機器，而不是當成有血有肉的**人**。這些人似乎認為他不值得擁有幸福，只要能在電視上娛樂我們就好。可是耶穌早就講過了：「人就算賺得全世界，卻賠上自己的靈魂，有什麼益處呢？」

這是我們必須捫心自問的問題。長期來看，欺騙和撒謊對任何人都沒有好處，不論在工作上或家庭上都是如此。以老虎伍茲來說，雖然他因為天分足、實力夠，編織的謊言一時沒被拆穿，但他終究還是東窗事發，原形畢露。

人總有一天得說出「那個詞」——**夠了**。要是你說不出口，世界會為你說出口。

在某種意義上，厄爾的訓練的確發揮了效果。老虎伍茲比賽時意志堅強，既不感情用事，又技高一籌。可是他在其他方面脆弱無比，生活失衡，信用破產。他的定力只在球場，只要出了球場，他就是情緒和衝動的奴隸。對他來說，阻礙他專心打球的一切都是干擾，必須全力排除。可是在摒除分心的同時，他也把幸福人生的很多要素一併擋在門外，例如開放的心胸、有意義的關係、無私、節制，以及價值觀。

這些特質不只是幸福人生的要素，也是定力的根源。而有了定力，我們才能忍受失敗，享受勝利。如果我們心浮氣躁或心靈空虛，定力不可能持久。如果我們不覺察心中漣漪，就看不見人生裡真正重要的事。如果我們貪得無厭，放任欲望啃噬內心，就不可能與人和諧共處。

老虎後來說：「要是你不斷撒謊，人生不會有樂趣。」要是你的生活失去平衡，人生不會有樂趣。要是你只在乎你自己，人生不只是沒有樂趣而已——它還會變得空虛寂寞，苦不堪言。事實上，老虎伍茲不只是寂寞而已，他跟很多現代人一樣，是座**孤島**。也許他聞名遐邇，無人不識，可是他不認識自己。沒有任何一個看他緋聞不斷的人，會以為他真的樂在其中。他甚至讓人有種感覺：他想被逮到，這樣才能得到幫助。

我們不必評斷老虎伍茲的是非，但要從中學習。從他的錯誤學習，也從他漫長而勇敢的東山再起之路學習（二〇一九年，他終於帶著背傷和兒子的加油打氣，以四十三歲之齡再次拿下名人賽冠軍）。因為我們也有同樣的缺點、同樣的軟弱，以及同樣追求卓越的潛能——只要我們願意好好運用。

奧理略曾建議：「問問你自己：『我在對我的靈魂做什麼？』審視你心中的活動，思索你現在擁有的是什麼樣的靈魂。是孩童般的靈魂？還是青少年的？……暴君的？掠食者的？還是獵物的？」

我們也必須問自己這些問題，在飛黃騰達的時候尤其該問。

禪宗有個很不錯的比喻，以十首偈頌訴說農夫馴化一頭牛的故事，藉此譬喻馴服心的過程。每一首偈頌各有標題，點出我們每一個人都必須經歷的過程：尋牛，見跡，見牛，得牛，牧牛，騎牛歸家……等等。

牛一開始充滿野性，不聽使喚，但最後與人合作無間。這些偈頌傳達的訊息是：透過努力、毅力、自覺、耐心以及真正的**覺悟**，我們終能馴服情緒和衝動。如其中一首所說：

相將牧得純和也，羈鎖無抑自逐人。

敘事者進入寧靜、平和的狀態。他馴服了自己躁動的靈魂。

這是我們的目標。從古到今，我們一直努力訓練和控制內在深處的力量，好讓自己得到平靜，從而持守自己的成就。如果個人生活一團混亂，心浮氣躁，寢食難安，工作時能保持理性又如何？我們能把職場和個人生活分開多久呢？縱能統御天下，高居萬人之上，要是不能控制自己，也是枉然。

我們接下來的任務更偏向心靈層次，與思考關係較淡。這項任務側重於**心靈**，而非大腦。因為我們是否幸福（或不幸）、滿足（或不知足）、節制（或放縱）和維持沉靜（或躁動），關鍵在於心靈。

因此，有心養成沉靜的人必須：

- 建立堅定的道德感。
- 嚴防嫉妒和其他有害的欲望。

・處理童年創傷。

・學習感謝和珍惜周遭的一切。

・培養生命中的關係與愛。

・信從超越自我的價值，以它為處世依歸。

・明瞭放縱欲望則永遠不「夠」，貪得無厭只會落得一無所有。

靈魂決定我們是幸福或不幸，是滿足或空虛——最重要的是，它決定我們的高度。

所以我們非顧好它不可。

選擇德行

偉大的精髓，在知曉有德已足。
——拉爾夫．愛默生

奧理略曾列出一些特質自勉，有正直、謙虛、坦誠、理性、合群等等。這些特質協助他日理萬機。除了這幾個之外，還有很多特質值得一列：誠實，耐心，關懷，仁厚，勇敢，冷靜，堅定，慷慨，寬恕，正義。

這些稱號其實能用一個詞概括：德行。

斯多噶相信德行是最高的善，我們應以德行為一切言行的準繩。德行非關神聖，而是塵世生活中的道德與公民標準。德行是發自靈魂深處的純粹是非感，藉由我們的行動而實現。

不論在東方還是西方，世界各地都重視德行。舉例來說，老子的「道德經」

直譯就是「德行之道」。孔子周遊列國請見諸侯，提倡的也是德行。他跟奧理略一樣，也認為追求德行有益於治國，而「君子」是他對統治者最大的讚譽。雖然英文裡找不到對應「君子」的詞，但我們大致能將它理解為正直、自制、有榮譽心的人。

如果「德行」的概念對你來說顯得陳腐，不妨想想道德生活**本身**有什麼益處。沒有人比不辨是非的人更難獲得平靜；沒有人比缺乏道德信念的人更無餘裕（因為沒有原則無法當機立斷，所以每個決定都要重新思考，每逢誘惑都要重新對抗）；也沒有人比作弊或撒謊的人更惴惴不安——即使他們因此得利亦然（他們甚至經常食不甘味，寢不安席）。對相信自己的選擇沒有意義的人來說，生命**本身**是沒有意義的。

反過來看，價值觀堅定的人呢？有為有守、光明磊落的人呢？道德自制力強，甚至從心所欲不踰矩的人呢？——這樣的人已得到沉靜。

沉靜是一種心靈力量，讓你在面臨挑戰、壓力，甚至駭人的情況時，能處變不驚。

加拿大政治人物駔勉誠（Jagmeet Singh）競選的時候，曾有一位憤怒的抗議者向他挑釁，對著他謾罵伊斯蘭教（但他其實是錫克教徒）。然而他不但沒被激怒，反而回以他用來自勉的兩種德行：「愛與勇氣」。現場氣氛頓時改變，大家都跟著他喊：「愛與勇氣，愛與勇氣，愛與勇氣。」

他原本可以當場罵回去，也可以息事寧人離開現場。這段插曲原本可能讓他情緒失控，口不擇言，他也可能為此耿耿於懷幾天、幾週，甚至一輩子。可是他非但沒有隨謾罵起舞，反而保持冷靜，用短短兩個詞重新控制場面。儘管情況原本看似不利選情，甚至像是生命威脅，但他四兩撥千斤，氣定神閒地化解一場危機。

當然，不同情況需要不同德行，也需要我們以不同方式自勉。被交付艱鉅任務的時候，我們可以不斷告訴自己：「實力與勇氣」。與重要人士談敏感問題之前，我們可以多多提醒自己：「耐心與親切」。在時局腐化、惡人當道時，我們更要告誡自己：「善良與誠實」。

選擇是自由意志的禮物，我們在人生裡可以選擇為善，也可以選擇為惡，可以選擇以什麼標準待人處事，也可以選擇相信什麼是重要的、可敬的和值得欽佩的。我們的選擇決定了我們是否得享平靜。

所以，每一個人都必須停下腳步，好好檢視自己，捫心自問：我支持什麼？我相信什麼是重要而根本的？我究竟為什麼而**活**？我們內心深處自有答案，因為這是我們打從骨子裡相信的價值。問題是生活的忙碌、職涯的現實和生存的需求，常常蒙蔽了我們對自己的認識。

孔子說德行就像北極星，不只給航海者指引，也吸引旅行者。雖然伊比鳩魯常被貼上享樂主義的標籤，但這種評價並不公平，因為他也認為德行是走向平靜和幸福的唯一途徑。事實上，他相信德行和快樂是一體兩面，他說：

> 想活得快樂，就不可能不活得明智、高尚而公道。反過來說，活得明智、高尚而公道，就不可能活得不快樂。不快樂的人一定活得不明智、不高尚、不公道，反過來說，沒有這些德行不可能活得快樂。

德行之所在，即幸福與美之所在。

孔子也說過類似的話：「君子坦蕩蕩，小人長戚戚。」講到這裡，我們正好能談談塞內卡的掙扎。塞內卡跟奧理略一樣，既是斯多噶哲學家，也是政治工作者。他也與我們一樣充滿矛盾。他就道德和自律寫過許多動人的省思，如果沒有過人的專注和澄澈的心靈，絕不可能寫出如此深邃優美的作品。但另一方面，塞內卡也是政治文膽，他既有野心，也不畏爭鬥，不但希望自己的文章流傳千古，也希望自己的功業永為世人歌頌。

他的生涯最高峰是成為尼祿皇帝的近臣。不過，雖然尼祿曾是他的得意門生，但他執政之後日益乖張，變得暴躁、自私、散漫、偏執又冷血，頗讓塞內卡頭痛。試想一下：你每天晚上焚膏繼晷，筆耕不輟，諄諄提醒節制、智慧和行正確之事的重要；可是到了白天，你卻不得不幫你那橫行霸道的主子粉飾太平，連他暗算親生母親，你都得幫他想個說法。塞內卡應該知道他該掛冠求去，或許他也真的很想，可是他終究沒這樣做。

德行是什麼？塞內卡仔細想過。他的答案是：「德行是真確而堅定的判斷。」有了德行才能做出好的決定，也才有幸福和平靜。德行發自靈魂，指引我們的思考與行動。

可是，塞內卡的人生讓人有種感覺：他似乎囿於野心，心神不寧，還經常做出錯誤決定。他義正辭嚴地申論金錢毫無意義，卻以可議的手段取得大量財富；他大聲歌頌憐憫、仁慈和同情，卻甘願給兩個可能腦袋有病的皇帝當臣子。他對自己的哲學似乎信心不足，不敢劍及履及，親身貫徹——他似乎不太相信光靠德行就能讓人生幸福。

金錢、權力和名聲似乎還是更迫切一點。

塞內卡明明知道德行該向何處尋，卻爭名逐利，走上歧路。這個選擇讓他無數夜晚不能成眠，讓他不斷承受倫理兩難的重壓，最後，這個選擇甚至讓他付出性命。公元六十五年，尼祿把矛頭指向他曾經受教的夫子，命令塞內卡自盡。塞內卡終於因為他粉飾多年的邪惡失去一切。

無可諱言，撒謊、作弊和恃強凌弱，有時的確能讓你占到便宜，甚至能讓你一步登天。但這是有代價的，你也許不只會失去自尊，也會失去人身安全。德行不一樣。堅守德行也許看似愚蠢，但這才是更可靠、也更長久的成功之道。

怎麼說呢？因為肯定取決於別人，財富取決於機會。天候變化讓你門可羅雀，獨夫當政讓你有志難伸。但德行不一樣，沒有人能阻止你認識對錯，也沒有任何事能逼你走上歧路——除非那是你自己的選擇。

我們每一個人都應該有道德準則，都應該有愛之甚於生命的更高標準。我們每一個人都應該靜下來問問自己：**對我來說，什麼是重要的？什麼是我寧死也不願背棄的？我認為人該怎麼活？為什麼？**

這些問題並不是庸人自擾，也不是人格測驗的陳腔濫調。找到答案之後，我們才能擁有從德行堡壘湧出的定力（以及力量）。

在面臨人生難題時——例如塞內卡受命輔佐尼祿時——我們需要倚賴德行。赫拉克利特（Heraclitus）說個性決定命運，一點也沒錯。如果我們能時時自勉，培養良好的個性，在考驗來臨時，我們就不會退縮。

在別人陷入誘惑或因恐懼而卻步的時候，我們能堅持德行。

我們能保持定力。

治癒內在小孩

在我心裡仍有一個小孩……他有時仍舊不安。

——弗瑞德·羅傑斯

達文西始終帶著點孩子氣。他好奇、愛惡作劇，沉迷發明和創作，也許正因如此，他才成為這麼出色的藝術家。可是，他的玩心背後有深沉的哀傷，那是他早年經歷留下的傷痛。

李奧納多·達文西生於一四五二年，是富有的公證人皮耶羅·達文西（Piero da Vinci）的私生子。雖然皮耶羅後來把他接回家一起生活，也為他安排了第一份工作，送他去當藝術家的學徒，但父子之間始終疏遠。

在那個時代，像皮耶羅·達文西這樣家大業大的人，通常會讓長子從事同一份工作，最後讓他繼承家業。但令人詫異的是，雖然公證人行會不承認私生子的繼承權，皮耶羅卻從來不曾向法庭提出申請，讓這個兒子取得合法名分。

皮耶羅後來與妻室生下十二名子女，其中有九個是兒子。他去世時並沒有在遺囑中特別提到李奧納多，對一名嫻熟法律的公證人來說，這只代表一件事：他在法律上剝奪了李奧納多的繼承權，只把遺產留給他「真正的」子女。為達文西作傳的華特・艾薩克森（Walter Isaacson）說：皮耶羅從沒完全接納李奧納多，最後甚至形同不認這個兒子，這種絕情的做法「讓達文西終生渴望能獲得無條件的支持」。

的確，在達文西的藝術生涯裡，他近乎稚氣地追求大人物的肯定，一直希望能得到他們的愛與接納。他對他的第一位師傅韋羅基奧（Andrea del Verrocchio）忠心耿耿，擔任他的助手超過十一年，到二十五歲才自立門戶。對這樣一位天才來說，這個時間長得不可思議（相較之下，米開朗基羅十六歲就與老師分道揚鑣）。達文西投靠切薩雷・波吉亞（Cesare Borgia）同樣令人匪夷所思。像他這樣才氣縱橫的人，怎麼會願意為這種殘暴無情的瘋子做事？（難道只因為他熱中發明軍武，而波吉亞是唯一願意看看他設計的贊助人？）從米蘭到法國再到梵蒂岡，他一生四處奔波，為了得到財務資助，也為了追求能讓他實現自我的創作自由。

不過，達文西也多次跟贊助人鬧翻，留下未完成的委託作品拂袖而去，有時候只為了一點小事（通常是因為贊助人不讓達文西予取予求）。不論是他怒氣沖沖的告別信，還是他那些做到一半的作品，似乎都像憤怒的青春期少年一樣大聲吶喊：**你又不是我爸！你沒資格要我怎麼做！你根本不愛我！不理你了！**

我們很多人都帶著童年的傷，也許是因為沒被好好對待，也許是因為遇到可怕的事，也許是因為父母太忙、太挑剔，或是他們自顧不暇，沒照顧好我們的需求。

這些傷不但影響我們的決定，也影響我們的行為——雖然我們未必意識得到這個事實。

稍堪安慰的是：我們焦心憂慮的根源，那些似乎總在不適當的時候跳出來的挫折感，還有讓我們無法好好與人維持關係或接受批評的原因——並不等於我們。它們也許是我們的一部分，但它們只是活在我們心中的七歲小孩，那個天真無邪、受到爸媽傷害、但長年沒被看見的小孩，不是**成年後的**我們。

看看瑞克・安克爾（Rick Ankiel）的例子。他曾是史上最傑出的棒球員之一。

他的童年過得很辛苦，不但父親有暴力傾向，還有個販毒的哥哥。他一直努力克服自己的傷痛和絕望，設法把心力投注在投球技巧，最後成為小聯盟最被看好的頂尖投手。可是，就在他要展翅高飛時，在二〇〇二年的第一場季後賽上，他在幾百萬名觀眾眼前失去了控球能力。

他到底怎麼了？原來幾天以前，他的父親和哥哥因販毒入獄，而瑞克就在法庭親眼看著他們被定罪。他已花了多年時間逃離痛苦和憤怒，沒想到它們最後還是爆發，擊垮投手必備的高度身心平衡。在這之後，雖然運動心理學家哈維·多夫曼（Harvey Dorfman）耐心相助，千方百計想以他的豐富學識幫瑞克找回球感，但成效有限。安克爾後來只上場投過五次，而且沒有一次是先發投手。他從此轉而擔任外野手，而且多半守中外野——離投手丘最遠的位置。

佛洛伊德（Sigmund Freud）也有講過：童年時或大或小的缺憾，經常為成年後帶來有害、混亂的態度。我們可能因為家境不夠富有、長相不夠好看、天分不夠、不如別的孩子受寵、戴眼鏡、常生病或買不起漂亮衣服，就感到委屈或忿忿不平。有些人像理查三世（Richard III）一樣，覺得先天缺陷讓自己有資格自私、使壞或貪得無厭。這種心態就如佛洛伊德所說：「我們都會為早年受損的自尊要求補償。」我們因為覺得自己遭到剝奪或惡劣對待，所以認為別人虧欠我們（老虎伍茲就是如此）。

可是，製造一個怪物來保護你受傷的內在小孩，是危險之舉。

我們給自己戴上不安全感的眼鏡，焦慮的眼鏡，受害者的眼鏡，「我要證明他們都錯了」的眼鏡，或是達文西戴的那副「你能當我父親嗎？」眼鏡。我們從小發展出這些適應方式，以為這樣才能看清世界，卻沒發現這讓我們過得更為辛苦。試問：戴上這些眼鏡看世界，怎麼可能快樂？把壓力、危機或其他大事丟給你心裡那個九歲大的孩子，怎麼可能處理得好？

電影製作人賈德·阿帕托（Judd Apatow）對此有切身體會。有一次拍電影時，他跟同事發生嚴重衝突，他這才赫然發現：多年以來，每次劇組或高層想給他建議，或是想限制他、說服他做或不做什麼事，他都覺得像被爸媽嘮叨，所以他在直覺上和情緒上都想反擊，不讓他們干涉。**這些白痴哪有資格告訴我該怎麼做？**為什麼他們老愛對我發號施令？為什麼他們對我這麼不滿意？

我們每一個人都有被自己的反應嚇到的時候。為什麼某句無心之言讓我這麼在乎？為什麼老闆只不過想調整一下我的計畫，我會這麼生氣？為什麼明明知道跟那樣的人在一起不會有好結果，我卻總是受那種人吸引？為什麼我很清楚某種做法是錯的，卻老是想那樣做？為什麼這些原始衝動埋得這樣深？——因為它們從我們還是嬰兒時就已生根。

阿帕托透過心理治療與自省（或許還有他太太的觀察），他終於了解：電影公司**不是他的父母**。他們只是從工作的角度提出建議，希望能增添創意，並不是想找他麻煩，更不是以家長之姿對他發號施令。

這份領悟減少了工作上的衝突，也帶來沉靜。畢竟，不以一名驚恐、脆弱的孩子的眼光看世界，這個世界當然顯得更好，不再那麼嚇人。不給自己增加額外的負擔，肩頭的擔子自然變得輕省。

治療生命中的創傷需要耐心、同理和真正地愛自己。正如一行禪師所說：

認識也擁抱自己的內在小孩之後，正念的第三個作用是安撫和舒緩我們的苦澀情緒。光是溫柔擁抱這個孩子，就能安定情緒，讓我們開始放鬆。以正念和專注擁抱自己的強烈情緒，能讓我們看見這些心行的根源。此時，我們將能領悟自己的痛苦起於何處。一旦看出這些問題的根源，我們的痛苦就能開始舒緩。因此，正念不但能幫助我們看清問題、擁抱失落，也能幫助我們減輕傷痛。

所以，請花點時間想想你從小背負的傷痛，想想在你遭到傷害、背叛或突如其來的挑戰的時候，你出現的情緒反應是什麼「年紀」——那就是你的內在小孩。他需要你給他一個擁抱，對他說：「嘿，孩子，**沒事了**。我知道你受了傷，但我會照顧好你的。」

長大成人的你必須挺身而出，安撫你的內在小孩，讓他放心。這樣，你才能沉靜。

我們都該為自己這樣做，也該為我們生命裡的人這樣做。我們每一個人都該打破佛陀所說的「輪迴」，不讓生命的苦痛無窮延續。

喜劇演員蓋瑞．桑德林很小就經歷了生離死別，他的哥哥拜瑞（Barry）在十歲那年因為囊狀纖維化去世。他們的媽媽悲痛逾恆，甚至不讓蓋瑞參加哥哥的葬禮，因為她不願意讓兒子看到自己哭泣。她從此變得陰晴不定，對唯一留下的兒子也管得很嚴。蓋瑞長年活在她的陰影之下。

成年之後，蓋瑞有一天在日記裡寫下一道配方，告訴自己可能可以如何克服這個傷痛，治癒自己的內在小孩。他成功了。不但如此，他還以過來人的身分在演藝圈分享這道配方，讓很多情況類似的人得到治癒。[10]這道配方雖然簡單，卻是打破惡性循環的關鍵，能有效緩和不斷糾纏我們的傷痛：

多多付出。
付出你過去得不到的東西。
多多去愛。
放下陳年往事。

可以的話，試看看吧。

10 很巧的是，賈德．阿帕托也是得到配方的人之一，他因此獲益良多。

警惕欲望

果子必有蟲噬，人心必為欲擾。

——大仲馬（Alexandre Dumas）

甘迺迪在古巴危機那緊繃的十三天裡展現的沉靜，毫無疑問讓他青史留名，世界上的人永遠欠他一份情。可是，我們不能讓這個光環模糊一項事實：他跟我們一樣，也經常受到心魔的騷擾和攻擊，這些欲望不但腐蝕他的成就，也擾亂他的沉靜。

甘迺迪的父親是個花花公子，他不但經常帶情婦回家一起用餐，連家庭旅行都帶她們同行。在甘迺迪家中，憤怒和衝突是家常便飯。「要是哪個王八蛋讓我恨起來，」約瑟夫．甘迺迪（Joseph Kennedy）常說，「我一定恨他到死。」所以似乎不足為奇的是，他的兒子也養成了一些壞習慣，終生與欲望和衝動苦苦相搏。

甘迺迪第一次因為風流成性惹上麻煩，是在第二次大戰早期。他當時與美麗的荷蘭記者茵佳．阿瓦德（Inga Arvad）打得火熱，但很多人懷疑她是納粹間諜。競選總統期間，雖然他已是有婦之夫，他還是勾搭上茱蒂絲．埃克斯納（Judith Exner）——芝加哥黑幫山姆．吉安卡納（Sam Giancana）的女友。然而，儘管他在這些事情上判斷奇差，他卻每次都全身而退，仕途絲毫不受影響，這等運氣更讓他變本加厲。

甘迺迪並非多情之人，他交往過的女友都說他雖然十分好色，但他並沒有從性事中得到多少樂趣。其中一個甚至說：性對他而言「只是肉體和社交活動」，用來排遣無聊或發洩衝動。他並不在乎對方是誰，有時甚至不在乎這樣做享不享受。甘迺迪也曾以令人尷尬的坦誠對英國首相說：只要幾天沒跟人上床，他就頭痛（有其父必有其子，老甘迺迪也對兒子們說過，他不「睡一個」就睡不著覺）。由於甘迺迪有背痛的問題，性事對他來說甚至可能是痛苦的——可是他依然故我。

更丟臉的是，在美蘇之間為古巴危機劍拔弩張之際，他居然把可能爆發的核子戰爭擺在一邊，去白宮附近的一家旅館跟人幽會。對方才十九歲，還在惠頓學院（Wheaton College）念書。我們在這裡看到的甘迺迪是個豁出一切的人，他不知道自己還活得了多久，承擔著無可想像的壓力，滿腦子都是如何抑制蘇聯的危險衝動……還有怎麼騙過他太太。這時的他也許覺得末日將臨，人生所剩無多，但他選擇把這些時間花在一名年紀只有他一半、隨便約來的女生身上，而不是陪伴他驚恐而脆弱的家人。

這才不是沉靜，甚至稱不上刺激有趣。

這比較像是一個男人靈魂破產，臣服於自己最糟糕的衝動，腦子一片混亂，弄不清輕重緩急。可是，在指責他是卑鄙無恥的性成癮者之前，我們或許應該先想想自己的失足。我是否不曾屈從自己的種種欲望？有時候是不是明明知道該怎麼做，卻反其道而行？

欲望是平靜之敵：對俊男美女的欲望。對肉體歡愉的欲望。對並非我們承諾廝守的人的欲望。權力的欲望。掌控的欲望。貪圖他人所有的欲望。對金錢所能買到的最貴、最好、最新奇事物的欲望。

我們不是都想當自己的主宰嗎？當欲望的奴隸豈不背道而馳？

不管是水電工還是總統，只要對欲望唯命是從，就不可能是自由人。

很多人原本可以成就一番偉業，可是他們自己選擇陷在無窮無盡的欲望裡，對舉目所見的享樂生冷不忌，結果失去了一切，甚至落進監獄，名符其實地失去了自由。

不過，掌握權力、滿足性慾和追求刺激起碼算是享樂，但最常見的欲望——**嫉妒**——卻不是如此。嫉妒這種欲望的特徵是：只因為別人有，所以我也想要。評論家約瑟夫·艾普斯坦（Joseph Epstein）的話一針見血：「在七罪宗裡，只有嫉妒毫無樂趣。」[11]事實上，早在艾普斯坦之前兩千四百年，哲學家德謨克利特就講了：「嫉妒只是讓自己痛苦，無異於把自己當敵人虐待。」

被嫉妒左右的人不可能思考清晰，也不可能過得平靜——這樣的人怎麼可能？

嫉妒是痛苦的無盡迴圈。我們嫉妒別人，他們又嫉妒另一個人。工人巴不

11　七罪宗是：驕傲、慳吝、迷色、忿怒、嫉妒、貪饕、懶惰。

得變成百萬富翁，百萬富翁巴不得生活能像朝九晚五的工人一樣單純。出名的人渴望回到擁有私生活的日子，而擁有私生活的人渴望成為鎂光燈焦點。與俊男美女交往的人，則是常常希望自己的伴侶別那麼招蜂引蝶。其實我們大可冷靜下來，因為我們嫉妒的對手可能也嫉妒我們。

嫉妒有一種「魚與熊掌我欲兼得」的幼稚。請仔細想想看：在我們嫉妒別人的時候，我們其實不只是想要他們所擁有的，而是**既想**保有我們擁有的一切，**又想**擁有他們所擁有的，即使這兩種東西可能互斥（更重要的是，我們還希望他們失去這些東西）。可是，如果你不能挑三揀四，而是必須與你嫉妒的人完全互換，用你的思考、原則和你最自豪的成就交換另一種人生，你願意嗎？你願意為了得到你所覬覦的東西，付出對方所付出的代價嗎？

你當然不願意。

我們不妨再聽聽伊比鳩魯怎麼說，看看這個被當成享樂主義者的人怎麼看待享樂。他說：「性對人無益，它不傷人已是奇蹟。」他有個不錯的對治方式。每當他感到自己產生強烈的欲望，他都自問：**要是我真的得到我想要的，我會如何？我得到之後會是什麼感覺？**

大多數的欲望本質上是非理性情緒，而沉靜能讓我們停下腳步好好分析它們。我們要做的是提前進入冷感期，在喝醉之前先想想無可避免的宿醉之苦。這樣做之後，這些欲望的力道自然會降低。

對伊比鳩魯派來說，真正的快樂是免於痛苦和激動。如果想要某個東西只是讓你在沒有它時覺得痛苦，它真正的價值豈不打了折扣？如果得到你「想要」的東西必須付出代價，得到它真的能讓你快樂嗎？如果某個欲望一開始促使你為目標努力，後來卻讓你眼高手低或精疲力竭，這個欲望對你真的有益嗎？

培養沉靜並不需要變成苦行僧或清教徒，但需要你花點時間思考：這種欲望會在多大程度上主導我的言行？在短暫滿足欲望之後，它會不會破壞我們有心追求的平靜？

回想你感覺最好的時刻。那不會是你心力交瘁的時候，也不會是你得到苦苦熱望的東西的時候——人在獲得的時候，總是免不了一絲失望或失落。

在《薄伽梵歌》裡，克里希那說欲望是「智者永遠的敵人……如永無饜足之火」。佛教把欲望擬人化為魔羅，說牠在佛陀求道時不斷橫加騷擾，想誘惑佛陀分心，讓他無法開悟、無法保持沉靜。達文西在筆記裡寫過怎麼描繪嫉妒，他說該把嫉妒畫得嘴歪眼斜、形容憔悴，因為她永遠處在受苦狀態。「畫條蛇啃噬她的心，」他寫道，「讓她騎在死亡背上，因為嫉妒永遠不死。」達文西也說欲望讓我們「墮落到野獸的層次」，這也許是對欲望最貼切的描述。

沒有人是完美的。我們難免因為生物需求和種種缺陷而失足。我們需要的是堅定的哲學信念和強烈的道德情操（亦即德行），在誘惑降臨的時候，用它們幫助自己全力對抗；即使不幸失敗，也能從它們得到力量，重新站起，變得更好。

我們也能運用一些工具抵抗有害的欲望。亞歷山卓的聖亞他那修（Saint Athanasius of Alexandria）在《安東尼傳》（*Vita Antonii*）中提過：寫日記能幫助自己忍住不犯罪（基督徒稱日記這種文類為「懺悔錄」）。透過觀察和記錄自己的言行，他能培養責任感，讓自己變得更好：

> 讓我們留意並寫下自己的言行和靈魂的衝動……像是要對彼此報告一樣。如此一來你或能稍安——因為你以醜事為人所知為恥，於是你停止犯罪，也不再耽溺於罪惡的念頭……既然我們都不想在別人眼前臣服於欲望，所以，如果我們能像要對彼此報告一樣寫下自己的想法，我們應該

更能守住自己，不向蠢念頭投降，畢竟我們羞於讓人知道自己犯罪。寫下來吧，像是要把這些紀錄攤在修院弟兄眼前，像是要真的被人看見自己犯罪，這樣一來，因為羞恥，我們也許再也不會想作惡。

在出現衝動時對抗它、觀察它、檢驗它，讓它如臭味一般散去。透過這種方式，我們能培養出靈性的力量。透過這種方式，我們將成為自己想成為的樣子。

只有願意花時間探究、質疑和推斷欲望後果的人，才有機會克服欲望，不再為欲望後悔。只有這樣的人才會明白：真正的快樂，是擁有真誠、沉穩、幸福而安定的靈魂。

夠了

歷史上從來沒有厭膩征服的征服者。
——史蒂芬・茨威格（Stefan Zweig）

《第五號屠宰場》（*Slaughterhouse Five*）的作者寇特・馮內果（Kurt Vonnegut），以及《第二十二條軍規》（*Catch-22*）的作者約瑟夫・海勒（Joseph Heller），有一次在紐約市郊的一名富豪家中參加派對。雖然那間豪宅如宮殿般奢華，但億萬富翁本人十分無趣。馮內果開始調侃他的老友。「老海啊，」他說，「咱們的東道主昨天一天賺的錢，搞不好比你的小說至今掙的還多，感覺如何？」

「沒差，我有他永遠得不到的東西。」海勒答得淡定。

「真的假的？怎麼可能？」馮內果問。

「我知道自己有的夠多了。」

「夠了」，在厄爾．伍茲眼中有如髒話的「那個字」，其實是相當美好的事。想想它為海勒和領悟它的人帶來的沉靜——沒有無底洞般的欲求，沒有比較帶來的不安全感，對自己和自己所擁有的感到**滿足**——這不是很棒嗎？

不過，光用嘴巴說「夠了」還不夠，領悟知足還需要深刻的心靈內省，足以破除我們始終抱持的幻覺和假設的內省。

哲學家約翰．彌爾（John Stuart Mill）自幼聰穎，總角之年就幾乎讀完所有主要經典，而且是以希臘和拉丁原文精讀——不過，他也是神童之累的血淋淋例子。他的父親從小逼他很嚴，他對自己的要求也非常高。大約二十歲的時候，他有一天停了下來，第一次認真想自己到底在追求什麼。他後來自述：

> 我突然直接了當地問自己說：「如果你的人生目標全實現了，你所期待的制度和輿論改變也在一瞬之間全部發生，你會變得非常快樂嗎？」一股壓抑不住的自我意識斷然答道：「不會！」我的心往下一沉——我賴以打造人生的基礎崩塌了。

彌爾因此嚴重精神崩潰，花了好幾年時間才恢復過來。不過，年紀輕輕就有這種經驗或許是幸運的，畢竟大多數人**一輩子**都沒發現成就終究不等於幸福或安慰（儘管我們常常這樣以為），不然就是等到為成就犧牲大量時間、金錢、人際關係和內心平靜之後，才終於領悟這個事實。衝到終點之後，我們常常只冒出一個念頭：**就這樣？然後呢？**

這份領悟是痛苦的，但更糟的是對此視而不見，用更多無意義的東西填補存在危機感，增加沒必要的消費，創造更大的野心，幻想以同一種心態汲汲營營能產生不同結果。

從某個層面來看，這是求好心切的詛咒。沒有精益求精的心，沒有探索潛能、追求進步的欲望，人不可能登峰造極或學有所成。然而，求成的欲望（或需要）常常與幸福扞格。網球名將比莉．珍．金（Billie Jean King）也提過這點，她說：因為運動員總是想百尺竿頭，更進一步，他們常常難以享受自己千辛萬苦追求的東西。渴求進步是享受**過程**之敵。

不懂得珍惜當下的人不可能沉靜，如果他們自認客觀更是如此。貪得無厭之心有如九頭蛇，滿足一個欲望——把它從願望清單上刪掉——它會原地再生出兩個。

東方對於知足也有深刻的洞見。老子說：「知足不辱，知止不殆，可以長久。」《道德經》裡還有另一個句是這樣說的：

> 咎莫大於欲得，
> 禍莫大於不知足。
> 故知足之足，
> 常足矣。

求多和知足的平衡也是西方哲人經常思索的問題。伊比鳩魯講過：「以足為少之人永無知足之日。」神學家和詩人湯瑪斯・特拉赫恩（Thomas Traherne）也說：「蒙福而惜福者如置身天堂，蒙福而不知福者如在地獄……求福而不蒙福者亦如置身地獄。」斯多噶所處的時代正是羅馬帝國顛峰時期，他們深知財富的真相。塞內卡家財萬貫，但他很清楚金錢與平靜關係不深。他的作品充滿警世故事，提到很多人利欲薰心，為了追求過剩的錢財和非分的榮譽而毀了自己，最後悲苦一生。

關鍵在節制。是的，我們理智上都知道關鍵在節制，但往往要到茅塞頓開或追悔莫及的時後，我們才真正**體會**到它多麼重要。

二〇一〇年時，美國參議員馬可．魯比奧（Marco Rubio）的三歲兒子有一天溜出後門，掉進泳池裡。雖然他當時在家，但意外發生時他正在打電話，為他的參議員選舉募款。魯比奧其實有聽見後門打開的聲音，但他以為別人會去察看，所以他繼續講他重要的電話。幾分鐘後，他才發現兒子面朝下浮在泳池裡，幾乎丟了性命。

即使發生了這種事，他還是很快把重心轉回工作，因為他跟林肯一樣雄心勃勃，像臺「不知休息的發動機」。過了一段時間之後，魯比奧才意識到這股衝勁的代價，才發現只顧工作讓他錯過多少可貴的東西。他說：「我想我現在懂了：我們訂定計畫和追逐抱負時之所以感到悸動，並不是因為它們對我們的幸福多麼重要，也不是因為我們多麼渴望完成它們。我們之所以悸動，是因為在內心深處，我們知道幸福該往別的地方找，我們清楚工作不可能取代幸福，不論它對我們或別人有多重要。可是我們還是拚命衝，把心力全押在工作，想藉此證明自己的價值，殊不知我們本來就是有價值的人。」

你有拿過金牌嗎？或是葛萊美獎（Grammy Award）？還是超級盃（Super Bowl）冠軍戒指？你有見過七位數存款嗎？也許你真的有過這種經驗，這些東西就在手邊。但你如果擁有它們，你會知道：它們好歸好，可是沒有改變任何事。鈔票只不過是口袋裡幾張髒兮兮的紙，獎牌只不過是幾塊金屬，或是掛在牆上的一塊匾。它們的材質並不強韌，連你靈魂裡最微小的破洞都填補不了，它們也沒辦法為你延長壽命，連一分鐘都不行。相反地，它們還可能縮短你的壽命！

它們甚至會讓你不再能享受原本喜歡的事。得到再多也沒辦法讓貪得無厭的人滿足。一個人要是看不見自己多麼富有（不論他是生來就富有，還是靠著人脈和經驗而變得富有），就算坐擁金山也必然感到匱乏。的確，貧窮問題是能透過賺錢和存錢解決，沒有人會否認這一點。但我們如果以為**心靈的貧窮**也能這樣解決，顯然錯得離譜。

不論獲得再多成就、財富、名聲或敬意，都無法讓人感到滿足。

如果你以為完成什麼事會讓你感到「大功告成」，或是讓你終於**感覺良好**，恐怕你免不了大失所望。甚至更糟，你讓自己陷入薛西弗斯式（Sisyphean）的困境：每當你覺得成功近在咫尺，快樂就在眼前，目標就又變得更遠一點，讓你永遠搆不到。

外在成就不可能讓你心滿意足。知足必須發自內在，必須退後一步，必須看見你已經擁有的，還有一直擁有的。

做得到的人比任何富商巨賈都富裕，比任何達官顯要都有權力。

可是我們寧可不要這種權力，選擇不斷追逐，需索無度，不對已經擁有的心存感激，卻自願陷在永無饜足的不安裡。玄沙師備禪師說：「汝諸人如在大海底生，沒頭浸却了，更展手問人乞水喫。」[12]我們以為自己需要更多，卻沒發現自己已經擁有很多。我們以為拚命工作是「為了家人」，卻沒發現一個弔詭——就是因為我們沉迷於工作，所以才離家人愈來愈遠。

夠了。

講到這裡，來談談一個不無道理的擔憂：知足不會讓人不知進取嗎？要是我們對現況滿意，工作還會求進步嗎？人生還會想更上一層樓嗎？**要是每一個人都自我感覺良好，還會有人努力向上嗎？**首先必須指出的是：這種擔憂本身就走錯方向。沒有哪個人的最佳表現是焦慮促成的，我們也不該因為不安或許能逼自己進步，就去餵養不安。這不叫生於憂患，這叫自甘為奴。

我們來到世上不是為了當工蜂，不是為了被迫發揮某些功能，不是為了跟個無頭蒼蠅似地勞碌一生。我們沒有為粉絲或追蹤者力求表現的「義務」，甚至對父母和家人也沒有，即使他們為我們付出很多。逼死自己對任何人都沒好處。

從正向態度出發而成就卓越絕對可能。你可以既身體健康，又心靈澄澈，**還**成為傑出的人。

約瑟夫·海勒覺得自己已經擁有**夠多**，但他還是持續寫作。在《第二十二條軍規》之後，他又寫了六部小說（有個記者批評說他後來的小說都沒有第一本好，他只回了一句：「哪個人是愈寫愈好的？」），其中一本還登上暢銷榜第一名。而且他不只是寫小說而已，他還教書、寫舞臺劇和電影劇本，多產得不可思議。彌爾也是一樣，從精神崩潰復原後，他愛上寫詩，認識了後來成為他妻子的女性，也慢慢回到政治哲學領域，最後甚至為整個世界帶來重大影響。他

12 取自《景德傳燈錄》第十八卷。

提出的見解對西方民主制度貢獻良多。

更美好的是：這些創作和洞見，是出自他們心中更好、也更沉靜的部分。他們不是為了證明自己才做這些事，他們不需要任何人的讚美和肯定。他們的動機是純粹的，他們為享受當下而滿足，沒有不安，沒有焦慮，更不苦苦巴望這件作品也許終於能讓他們感到完整，也許終於能讓他們得到始終不足的東西。

生命裡有哪些東西值得我們追求更多？這個問題非常重要。答案不是成就，不是名氣，而是感到「夠了」的時刻。

更活在當下。更思考清晰。更洞察精微。更認識真理。

更沉靜。

沐浴於美

在崇高面前，我們心中一顫……感受到某種浩瀚得無法了解的東西。一時之間，它震碎我們的自滿，將我們從習慣和庸碌的暮氣中釋放。

——羅伯．葛林（Robert Greene）

一九四四年二月二十三日，星期三。安妮．法蘭克一早爬上密室的閣樓，想找與他們一家同住的猶太少年彼得（Peter）。到了這個時候，他們全家已經在這裡藏身兩年。彼得做完家務之後，他們兩個一起坐在安妮最喜歡的地點，從小窗子眺望他們不得不銷聲匿跡的世界。

看著頭頂的藍天、底下光禿禿的栗子樹，還有空中的飛鳥，他們一時出神，無法言語。與他們擁擠的藏身處比起來，世界顯得如此寧靜，如此祥和，如此開闊。

世界看起來好像沒在打仗。彷彿希特勒還沒殺害幾百萬人，他們兩家不必日日擔心受怕，憂慮自己也將成為那幾百萬名受難者之一。儘管現實嚴峻，美似乎仍然勝過一切。「只要這些還在，」安妮對自己說，「只要仍有陽光，只要仍有晴空，只要我仍能享受它們，我怎麼可能憂傷？」

她後來更在日記裡寫道：大自然有如萬靈丹，能為每一個受苦的人帶來安慰。的確，不論是亮麗的春天或質樸的冬天，不論是黑夜還是雨天，儘管開窗太過危險，她只能坐在悶熱得令人窒息的閣樓裡眺望，安妮還是能為大自然裡的某種東西精神一振，重新找回自己。「即使在不幸之中，還是有美。」她寫道：「只要你尋覓美的蹤影，就能發現愈來愈多的快樂，重新得到平靜。」

對極了。美就是能讓你心裡湧出平靜和力量。

沒有人煙的樹林。靜靜趴著看書的女孩。劃過機翼的雲彩（但飛機裡的乘客都睡著了）。在位子上專心讀書的人。沉沉睡去的女子。伸腳稍歇的空姐。爬上山頭的破曉晨曦。不斷放送的歌曲，而它的節拍正符合動作節奏。及時達成任務的快樂。收信匣暫時安靜下來的舒心。

都是沉靜。

作家蘿絲・懷爾德・藍恩（Rose Wilder Lane）遊歷喬治亞首都提比里斯（Tbilisi）時，看著草地高原有感而發：

> 只見天空蒼茫，搖曳的野草讓人幾乎聽得見沉靜的聲音。這裡空得完美，空得讓我覺得成了空的一部分，覺得空了自己。有一瞬間，我覺得自己消失了，幾乎不見了。

這叫「出神」（exstasis），一種超脫自身的神聖經驗。只要我們真心願意，隨時都能進入這美妙的瞬間。我們需要做的只是讓自己的靈魂向這些瞬間敞開。

禪師百丈懷海有件軼事：一大清早，他在寺院旁邊的田裡正著手農務的時候，兩個弟子來找他，想向他求道。他說：「你們先跟我耕一下田，我等等再把禪法最重要的道理告訴你們。」耕完田後，他們再次向百丈請教。沒想到百丈只是面向田園，望著冉冉升起的太陽，雙手伸向這一片寧靜，默而不語。

這就是禪法的精髓。大自然。鋤過的土。生長中的穀物。好好努力後的滿足。天地間的詩意。禪法昂然如初生，蒼勁似永恆。

然而，不是每一種美都如此直觀。映入我們眼簾的未必是攝人美景，我們也不可能時時置身田園或沙灘。換言之，我們未必總能意識到美的存在。正因如此，哲學家必須培養詩人般的眼光，讓自己即使身在平庸或恐怖之中，也能看見美近在咫尺。

很多人以為斯多噶哲學家性格陰鬱，奧理略大概也是如此，殊不知他對美十分敏銳，還頗有詩人惠特曼（Whitman）的氣質。他對日常事物之美的刻畫相當生動，例如：「麵包烤著烤著開始龜裂、迸開。此景雖非麵包師有意為之，吾等仍看得目不轉睛，胃口大開」。他也說過很多自然景象有其「誘人魅力」，例如「穀子成熟彎下的樣子，獅子皺眉的樣子，公豬口涎滴下的樣子」。他甚至在死亡中看出美：「穿過這一剎那，即是永遠的安息，與自然合一，優雅如橄欖成熟落下，向滋養它的土地獻上讚美，對讓它生長的樹木致上感謝。」

哲學家和詩人看世界的方式是一樣的，因為他們有同樣的追求——用多瑪斯．阿奎那（Thomas Aquinas）的話來說——諦觀生命中的「奇蹟」。

環保運動者和作家愛德華．艾比（Edward Abbey）說過：「野性」（wildness）如此美好，連這個詞本身都美如音樂。不論我們住在哪裡，不論我們以何營生，想聽這一首歌隨時能聽。即使沒有置身野外，我們仍能想像在森林裡漫步、隨河水緩緩徜徉，或是坐在營火旁享受溫暖。我們也能像安妮．法蘭克一樣，只靜靜望向窗外，好好欣賞一棵樹。在做這些事的時候——在**留心**的時候——我們與沉靜同在。

眾人的奉承、昂貴的名車、龐大的地產、炫目的獎項——全都華而不實，健康的靈魂不會在膚淺的事物中找美。同樣地，即使小人騷擾、惡言加身，即使眼見無辜者遭難，即使面對傷害、痛苦和失落，健康的靈魂不會為世界的醜陋神傷。萬物靜觀皆自得，美無所不在，何不仔細尋它？只要我們願意，它隨時準備滋養我們。

踩在後車廂灰塵上的貓掌印。紐約清早氤氳氤氳的蒸氣。雨落下時地面冒出的氣味。拳頭完美地擊上張開的手掌，發出清脆響聲。筆尖在契約書上簽字的聲音，將原本不相干的兩方連結在一起。蚊子不畏被一掌拍死也要吸血的勇氣。裝滿剛採收的蔬菜的籃子。忙碌的街道上，貨車為了避開行道樹垂下的樹枝，一輛一輛轉了大彎。扔滿玩具的地板，混亂中散發著孩子們盡情玩耍的歡快。櫛比鱗次的街區，透露數百年來既連貫又獨立的城市發展。

你開始感受到美了嗎？

諷刺的是，雖然在忙碌的生活中，沉靜似乎這麼希罕、這麼稍縱即逝，但世界其實源源不斷地予人沉靜，只不過沒人留心。

彌爾因為過度刺激和過度用功而精神崩潰後，與憂鬱之苦搏鬥了將近兩年。他在哪裡重新找到平靜呢？在華茲華斯（William Wordsworth）的詩裡。華茲華斯又是從哪裡得到寫詩的靈感呢？從大自然。

老羅斯福（Theodore Roosevelt）接連遭受喪母和喪妻之痛後，醫生要他去西岸休養，讓達科他（Dakota）的惡地（Badlands）助他重新站起。沒錯，老羅斯福當過獵人、當過農場主，是硬漢中的硬漢，可是你知道他最喜歡做的兩件事是什麼嗎？靜靜坐在門廊看書，還有**賞鳥**。日本有個詞叫「森林浴」，他們把這當成某種治療，藉助大自然來療癒心理和靈性問題。老羅斯福幾乎沒有一週不做某種森林浴，連擔任總統期間都不例外。

如果我們做森林浴跟洗熱水澡一樣勤，身心一定更加清爽。如果我們認真去看周遭的事物，一定更能活在當下。

「浴」這個字很重要。它與水有關，包括看見水、聽見水聲和感覺到水。想在煩惱和混亂中尋求沉靜，最好的辦法就是用真正的水洗去它們。躍入河裡游泳。禪園裡汩汩湧出的泉水。先賢紀念碑旁的水池。如有必要，甚至能用音響播放海浪聲。

對受過創傷、工作壓力龐大和厭倦現代生活的人，約翰．斯提爾戈（John Stilgoe）有個簡單的建議：

> 快出去。不只是走出室外而已，更要擺脫電子程式的網羅，它已經不動聲色地圈住太多的人……去外頭，好好走走，放鬆，放慢，看看四周。不要跑，連慢跑都不要……把注意力放在鄉間小路旁的風景、城市裡的街道，還有郊區的林蔭大道。漫步。閒逛。溜達。騎騎腳踏車。去海邊兜兜風。盡情探索。

探索中自有平靜，它永遠等你去找。

別錯過人生之美。把世界看作聖殿，因為它確實是聖殿。讓每份經驗充滿教堂的氛圍。光是這些事存在——你也存在——的事實，就該讓我們驚嘆不已。即使當我們在無意義的戰爭裡彼此殘殺的時候，即使在我們用無意義的工作謀殺自己的時候，我們還是能停下腳步，沐浴於美，因為它永遠在我們身邊。

讓它安撫你。讓它潔淨你。

接受有更高的力量存在

庸才總以為自己最了不起。

——柯南・道爾（Arthur Conan Doyle）

戒酒無名會（Alcoholics Anonymous）成立於一九三五年，至今已有近百年歷史。在他們的「復原」十二步驟中，最困難的並不是勇敢列出自己的道德缺陷，不是設法彌補傷害過的人，不是承認自己有問題，不是找輔導協助，也不是定期參加聚會。

對很多成癮者來說（尤其是自認「有想法」的那些人），最難的步驟是承認有**更高的力量**存在。他們就是難以「相信有比我們自身更強大的力量，讓我們回復神智清醒」。

這個步驟看似簡單，實則困難。不過，這並不是因為在戒酒無名會成立之後，世界已變得更加世俗化（事實上，戒酒無名會的創立人之一說自己是「死硬派不可知論者」）。承認有更高的力量存在之所以困難，是因為這代表成癮者必須順服於自身欲望之外的東西，對成癮者「病態的自我中心」來說（借用某個成癮者自己的說法），這相當讓人不是滋味。

對步驟二最常見的反駁是「我又不信神」。「沒有證據顯示有更高的力量存在，」他們說，「讀讀演化論，學學科學。」他們可能也會質疑：這到底跟戒癮有什麼關係？難道只做其他步驟就不能戒癮？「宗教或信仰跟這個有關係嗎？」

這些問題問得有理，可是它們並不重要。

因為步驟二的重點其實不是神，而是**順服**（surrender），這關乎信念。還記得阿波研造說的吧？人（所有的人，不只是成癮者而已）之所以射不中目標，是因為執著，而擺脫執著只能靠放下——深層的放下，在靈魂層次的放下。

雖然成癮無疑是生理疾病，可是在更實際的意義上，成癮是逐漸執迷於自我的過程，成癮者把自己的衝動和想法擺在第一位。因此對成癮者來說，承認有高於自己的存在是重大突破，這代表他們終於認清自己不是神，無法掌控一切，而且不但現在不能，以前也從來不能（順帶一提，沒有一個人可以）。

十二步驟本身不能轉化自我，能發揮轉化作用的是決心戒癮、真誠傾聽和**遵守**規則。

如果你仔細去看戒酒無名會的說明，你會發現他們不是要你信耶穌或去教會，而是要你接受「我所認識的神」。換句話說，你信的可以是大地之母、天意、因果、命運或運氣，信什麼取決於你。

對斯多噶來說，他們信從的更高的力量是「邏各斯」（logos）——宇宙之道。他們承認有命運和運氣，也相信這些力量會影響他們。承認有更高的力量讓他們沉靜下來，恢復平和（因為既有更高的力量做主，他們就不須為了滿足控制欲而心浮氣躁），而這種修為又幫助他們統御帝國、忍受淪落為奴或遭到流放，最後甚至能讓他們以優雅的態度面對死亡。在中國哲學裡，**道**是宇宙的自然秩序，是更高神靈的道。希臘人不只相信有很多神祇，也認為人人皆有「daemon」相伴，亦即引人走向命運的指導靈。

儒家相信的是「天」，它給予我們某種身分或人生意義，指導我們待人處事。印度教徒以「梵」為最高宇宙實體。猶太教裡的上主叫「耶和華」。美洲主要原住民部落各以不同方式稱「偉大之靈」（Great Spirit），奉祂為造物主和指導神。伊比鳩魯不是無神論者，在他看來，神不會是專斷而挑剔的。畢竟，神怎麼可能要世界活在恐懼之中呢？他說，活在恐懼中的人不可能寧靜（ataraxia）。

克里希那說「心歇息在瑜伽之禱的沉靜裡」，也是同樣的意思。基督徒相信上帝是我們生命中的沉靜之源，像河水一樣把平靜和安適帶給我們。「靜下來！停止！」耶穌如此命令風浪，「風就停住，湖面平靜下來」。

心裡只有自己的人不可能沉靜，放任身體和靈魂跟隨每個衝動、只重視自己的人，也不可能平靜。

科學和技術的進步確實重要，但也有很多現代人認為這樣的進步代價龐大——對於超乎我們理解的力量，我們現在不但不懂得敬畏，甚至不願意承認它們存在。這樣的進步剝奪了我們敬虔的能力，讓我們再也難以獲得心靈平靜。

從前的農夫心思單純，虔心信主，每天上教堂禮拜，教堂對他們來說有如聖神偉大榮光的彰顯。難道因為他們對科技懂的不如我們多，對演化論一竅不通，我們就敢說他們不如我們？要是你去跟一位十二世紀的日本佛教徒說：將來每個人都能更有錢也更長壽，可是在享受到這些好處之後，大多數人會變得既不知足又失去人生目的，你願意跟我們換嗎？

這樣的「進步」聽起來實在不像進步。

一九七八年，哈佛（Harvard University）畢業典禮邀請索忍尼辛（Aleksandr Solzhenitsyn）演講，他說：不論是資本主義國家還是共產主義國家，現代世界已集體陷入一種「去靈性、無宗教的人本主義心態」：

> 這種心態認為人是萬物的尺度，想用陷在驕傲、自私、善妒、虛榮和其他幾十種缺點的不完美的人，來評判世間萬物的高下優劣。在這種發展剛剛開始之時，我們沒發現自己鑄下大錯，而我們現在看到的是這些錯誤的惡果。從啟蒙時代到現在，我們的確增加了很多經驗，可是我們失去了「至高圓滿實體」（Supreme Complete Entity）的概念。在以前，我們正是用這個概念來節制衝動，也提醒自己必須為所作所為負責。我們現在把太多希望寄託在政治和社會改革上，可是我們終將發現自己失去了最珍貴的東西：心靈生活。

實事求是很重要，實用主義、科學精神、懷疑態度也很重要，它們各有各的位置。可是，你還是得相信什麼，非信不可，否則一切對你來說都是空虛而冰冷的。

喜劇演員史蒂芬·荷伯（Stephen Colbert）從小信奉天主教，直到現在仍相當虔誠（他進入娛樂圈後還繼續教主日學）。他的父親和兩個哥哥都在他小時候死於空難，他是靠著信仰度過哀傷的童年。當時，他的母親儘管悲痛，卻給了他很好的榜樣。她對他說：「試著從永恆的角度看這一刻。」是的，**永恆**，比我們渺小的人類偉大得多的東西，宏偉得超乎我們的理解，長久得超越我們的思考。

每個信仰都找得到這樣的故事。

回顧歷史的時候，每當我們看到前人熬過不可思議的逆境、克服難以想像的挑戰，總會為他們的堅毅不拔感到詫異。你也許發現這樣的人有個共同點：他們都相信有某種更高的力量。這應該不是巧合。信仰是他們生命裡的錨，他們相信絕對有一雙手掌管一切，而苦難背後一定有更深的意義或目的，即使他們無法以理性了解。除了他們之外，世上表現優異的人絕大多數也是如此，這或許也不是巧合。

宗教改革剛開始時，教廷將馬丁·路德（Martin Luther）傳至法庭，要求他撤回信仰聲明，否則將他逐出教會，甚至將他處死。等待出庭的時候，路德花了好幾個鐘頭祈禱，深呼吸，清空心中的憂慮與恐懼。最後，終於輪到他發言了：「我現在不會撤回，以後也不會。身為基督徒而昧著良心說話，才是將自己置於險地。這是我的立場，我別無選擇，願神佑我。阿門。」

有趣的是，真正遭遇亂局、面臨重大考驗的領袖，最後都是真誠地倚賴某種信仰度過難關。

例如林肯。年輕的時候，他和許多聰明傑出的同齡人一樣，是個無神論者。可是成年以後的諸多試煉（其中又以痛失愛子和南北戰爭為最），讓他成為虔誠的信徒。甘迺迪也是一樣。他有很長一段時間看不起父母的天主教信仰，可是面對核戰威脅的時候，我敢說他一定在祈禱。

這是我的立場，我別無選擇，願神佑我。

虛無主義不堪一擊。在人生遭遇困境時崩潰或自殺的，永遠是虛無主義者（更晚近的發展是，他們因為太過怕死，所以執迷於追求長生不死之術）。

為什麼會這樣呢？因為在面對生命（與死亡）龐大的複雜、艱難與空虛時，虛無主義者只能靠自己的腦袋苦思解方。對陣雙方的實力差距大得可笑。

我想再次提醒：如果古往今來幾乎所有智者都認同某個主張，我們或許應該停下來認真考慮。歷史上幾乎找不到哪個古代學派不談更高的力量（不論他們認為「更高的力量」是定於一尊，還是多個並存），這並不是因為他們有更高的力量存在的「證據」，而是因為他們知道信念的力量多大，知道信仰對獲得沉靜和內在平和多麼重要。

基本教義派又是另一回事。伊比鳩魯說得對：如果有神存在，祂們怎麼可能希望你怕祂們？祂們怎麼可能計較你的穿衣打扮，還有你一天拜祂們幾次？祂們需要你大興土木歌頌祂們嗎？嚇得你畏畏縮縮求寬恕對祂們有什麼好處？在最純粹的意義上，任何一位父親或母親——或造物主——只在乎一件事，就是希望他們的兒女能找到平靜、找到意義、找到目的。他們帶我們來到世上，絕不是為了讓我們彼此論斷、宰制或殺戮。

不過，我們大多數人的問題不是宗教狂熱，而是懷疑主義，還有把自己看作宇宙中心的自以為是。哲學家納西姆．塔雷伯（Nassim Taleb）說得一針見血：我們不是非相信神很偉大不可，只需要相信神比我們偉大。

即使我們是隨機演化而成的產物，這不正好契合斯多噶的立場嗎？如果我們相信萬物皆依重力和物理定律而行，我們不就已經接受有更高而無法解釋的力量存在了嗎？

我們對世界的掌握十分有限，它的誕生是由太多無法解釋的事共同促成，它的運作幾乎就像有神祇在默默主導。

從某個層面來看，信仰的重點是超越算計，用真理的角度止息機心。談到接受更高的力量，大家的說法常常是「讓祂進入你的心門」。沒錯，接受更高的力量是推翻智巧的暴政，拒絕自己想當然耳的經驗判斷，接受有高於自己、超越自己的存在。

也許你還沒準備好敞開心門，讓別的東西進入你的心。沒關係，慢慢來。只要知道這條路向你敞開就好。它在等待。在你準備好的時候，它會幫助你回復神智清醒。

進入關係

擁有可貴之物不是快樂，有人一同分享才是。

——塞內卡

創作歌手強尼·凱許（Johnny Cash）的第一段婚姻在一九六〇年代告終。辦妥離婚之後，他從南加州搬到田納西州。住在新家的第一晚沮喪而寂寞，他百無聊賴地開始用跨步計算樓板長度。這間屋子很大，但空蕩蕩的，沒有家具。兩側一邊是陡坡，一邊是老山核桃湖（Old Hickory Lake）。他從屋子一端走到另一端，再從山坡走到湖邊，他突然有股強烈的感覺，覺得這裡少了什麼。

到底缺了什麼呢？他想。**還是我把它放到哪裡去了？**他不斷想，一直想，想個不停。是打包時忘了嗎？還是有什麼事該做但還沒做？究竟是什麼地方不對勁？

突然，他明白了。這裡缺的不是**它**，而是**她**，他的女兒蘿珊（Rosanne）。她不在這裡，她在加州跟著媽媽。沒有家人的房子不是家。他停了下來，用盡全身力氣嘶喊她的名字，倒下痛哭。

哲學常勸人養成對於他人的疏離和冷淡，以免為情所傷。在某個意義上，凱許遭受的正是這種悲痛。如果你不容許自己依賴別人，不容許自己脆弱，你就永遠不會為失去他們而苦。

的確有人試著這樣生活。有的是誓願守貞或獨身，或是把人際關係降低到最少、最基本的程度。有人是因為曾經受到傷害，所以築起高牆，拒人於千里之外。還有人是因為天分太高，所以決定完全投入工作，他們相信自己有更高的使命，所以必須獨身。佛陀就是這樣，因為覺悟更加重要，所以他拋妻棄子，甚至沒向他們道別。

是的，每一個人都該為自己認為對的事做出人生抉擇。可是對於獨身，有些觀念是嚴重誤導，十分可悲。

關係的確需要花時間經營，關係也可能暴露我們的脆弱、讓我們分心，造成我們痛苦，耗費我們的金錢。

可是沒有關係，我們什麼也不是。

壞的關係隨處可見，好的關係希罕難得。這有什麼好奇怪的呢？親近別人、與別人產生連結，本來就會挑戰我們靈魂的每一個面向。

在我們的內在小孩還在哭鬧、還沒得到安撫的時候，尤其如此。同樣地，在我們還被欲望拖著走的時候，在我們的自私還容不下其他人的時候，建立和維持關係更是考驗。

各式各樣的引誘讓我們迷失，我們的脾氣也可能傷到我們所愛的人。

好的關係需要我們良善、忠實、專心、同理、慷慨、開放，願意成為更大的整體的一部分。為了在關係中成長，你必須懂得順服。

沒有人說這很容易。

可是，迎向這個挑戰能轉化我們，甚至光是嘗試迎向它都能帶來改變……只要你願意。

富豪和名人隨處都有，可是對你生命裡的人來說，只有你是他們的**爸爸、媽媽、女兒、兒子或靈魂伴侶。**

關係有很多形式。導師。門徒。父母。子女。伴侶。知交。

有人會說：維持關係需要付出心力，也許還會降低一個人的成功機會，這樣划得來嗎？

西塞羅（Cicero）兩千年前就問過：「誰會希望自己擁有世間一切財富，嘗盡人生一切享受，卻無法愛人，也不為人所愛？」這句話至今依然振聾發聵，也將永遠是真理。

的確，即使是能高度沉靜的人，也會陷入關係和職涯的兩難，擔心與人連結和對人依賴會影響事業。二〇一六年時，瑪莉娜．阿布拉莫維奇的一場訪談引起譁然。她當時提到自己為什麼決定保持單身，不生小孩——因為她認為結婚生子會嚴重破壞她的藝術生涯。她說：「一個人精力有限，成家的話我得分神。」

謬論。

然而，很多有衝勁、有抱負的人都對這種謬論信以為真。

為什麼他們不稍微查查資料、讀讀歷史呢？德國總理梅克爾（Angela Merkel）的丈夫一路支持她，也常常給她建議，她說丈夫對她的成功至為重要。文學家葛楚．史坦（Gertrude Stein）也有終生伴侶愛麗絲．B．托克勒斯（Alice B.

Toklas）一路相伴。居禮夫人（Madame Curie）原本對愛情不屑一顧，直到她認識皮耶（Pierre）。兩人成婚之後，夫婦二人同心合作，最後拿下諾貝爾獎（Nobel Prize）。彌爾也是如此。他將他最偉大的著作《論自由》（*On Liberty*）獻給妻子，說：「我的作品裡最好的部分都是受她啟發，她也是這些作品一部分的作者」。饒舌巨星J．科爾（J. Cole）則講過：身為歌手，他做過最好的一件事是成為丈夫和父親。「我做過最好的一個決定，」他說，「就是讓自己對另一個人負起責任——對我妻子，我必須負起責任。」

沉靜最好不要隻身追求，它跟成功一樣，與人分享最佳。我們都需要比自己更了解自己的人，有這樣的人在身旁，我們至少可以懂得誠實面對自己。

雖然關係不是生產力駭客，但知道愛與家庭並非與**任何**工作都不相容，至少是個突破。人生中最好的決定，莫過於在職場**和**私人生活中都選到好搭檔，一個願意支持你、彌補你的不足、讓你變得更好、而你也願意為他這樣做的人。反過來說，如果你選擇的搭檔和朋友做的事恰恰相反，你的職涯和幸福恐怕不甚樂觀。

只重成就、沒有人際關係的人生是空虛而無意義的（而且可能既脆弱又不穩定）。人生要是只有工作和事業，將嚴重失衡。這樣的生活只能用不斷變動和忙碌填補，否則很快就會分崩離析。

作家菲利普．羅斯（Philip Roth）晚年談到單身時總語帶驕傲，說單身讓他只需要為自己負責，也只需要滿足自己的需求。他有一次對訪談者說，他的生活方式讓他能隨時投入工作，不必麻煩別人，也不必遷就別人，只要管好自己就好。「我就像醫生，書房就是我的急診室，」他說，「我要治誰呢？就是我自己。」

這大概是一個人所能講的最悲哀的話，而且自己渾然不覺。

天主教社會運動者桃樂絲．戴談到《漫長的孤寂》（*The Long Loneliness*）時說：對於這種人人嚐過的苦，唯一的解方是愛與關係。可是，有些人卻刻意找這種苦！他們剝奪了自己付出和接受關懷的福分。

人生路上充滿風暴。選擇像孤島一樣度過人生的人，往往最容易受到暴風襲擊，也受創最深。

二〇〇一年九月十一日，恐怖分子劫持了聯合航空（United Airlines）一七五號班機，準備直衝世貿中心南塔。布萊恩．史威尼（Brian Sweeney）是機上乘客之一，他用飛機上的電話打給妻子，想告訴她情況很不樂觀。「我想讓妳知道我好愛妳，」他在語音留言中說，「我希望妳好好的，過得快快樂樂，我爸媽也一樣。我們天上再見。」

當時飛機上的氣氛一定充滿驚恐，可是他的聲音完全聽不出恐懼。同樣的平靜也能在蘇利文·巴魯（Sullivan Ballou）的最後家書中看到。他是南北戰爭中的聯邦軍少校，一八六一年七月，他奉命合擊維吉尼亞州的馬納薩斯（Manassas）。信是他出發前幾天寫的，他彷彿預見自己將在這場戰役裡陣亡。「莎拉，」他寫道，「我對妳的愛天長地久。這份愛似乎把我牢牢綁住，唯有全能上主才能斷開。可是我對國家的愛猶如狂風襲來，像鎖鍊一般將我帶向戰場，我無法抗拒。與妳共度的快樂時光不斷湧上心頭，我感謝上帝也感謝妳，讓我多年享受這些歡愉。」

杜斯妥也夫斯基（Fyodor Dostoevsky）有一次寫到他的妻子安娜（Anna），說她是讓他倚靠和歇息的磐石，是保護他不受凍的牆。這話說得情深意切，對伴侶、朋友和親子之間的愛，大概找不到比這更感人的描述。佛洛伊德也講過：愛是**偉大的教育者**。付出愛是學習，接受愛也是學習。我們透過愛趨近沉靜。

愛就像接受好的教育一樣，過程並不容易。一點也不容易。

有人說「愛」的拼法是T-I-M-E。我想愛也能拼成W-O-R-K、S-A-C-R-I-F-I-C-E、D-I-F-F-I-C-U-LT-Y或C-O-M-M-I-T-M-E-N-T，偶爾還拼做M-A-D-N-E-S-S。

不過，愛的標點永遠是R-E-W-A-R-D，即使是結束的愛，也是如此。

兩個人坐在門廊躺椅上的沉靜，一個擁抱的沉靜，最後家書的沉靜，回憶的沉靜，墜機前通話的沉靜，把愛傳下去的沉靜，教的沉靜，學的沉靜，**彼此相伴**的沉靜。

有人說保持孤獨和自求多福才能成為人上之人，我得說這種說法不但錯誤，而且忽略了很明顯的一件事：就算你真的成為人上人好了，到那時有誰在乎呢？也許沒有孩子，你在家裡能耳根清淨；沒有人等你回家吃飯，你可以愛加班多久就加班多久，可是這種安靜是乏味的，這種隨興是空虛的。

只為了自己而努力工作？以為自己可以或必須一個人完成一切？只為自己的好處而磨練技藝、增加知識，謀求財富或權力？這樣有意義嗎？

孤僻讓人無法實現自我。

孤僻讓人錯過某些事物，更糟的是，我們打從骨子裡**感覺得到**。

所以沉靜需要別人一起，事實上，沉靜是為別人而沉靜。

克服憤怒

不輕易發怒的，勝過勇士；治服己心的，強如取城。

——〈箴言〉16:32

二〇〇九年，麥可．喬登（Michael Jordan）在拿下六次ＮＢＡ冠軍、兩面奧運金牌、十四次入選全明星賽（All-Star Game），並創下籃球史上每場平均得分最高紀錄之後，終於入選籃球名人堂（Basketball Hall of Fame），攀上他輝煌職業生涯的另一個高峰。

喬丹穿著一身銀色西裝走上舞臺，一隻耳朵戴著他的招牌耳環，還沒開口就激動掉淚。他開玩笑說他本來想上臺接受這份榮譽，說聲謝謝，然後就直接下臺回座位。可是他做不到。

他有些事想說。

怎料，他接下來的致詞詭異得讓人難以置信。麥可・喬丹，這位早已不須證明自己、應該也有很多貴人需要感謝的籃球巨星，竟然花了將近半個鐘頭細數他一路走來的種種小委屈，並一一反擊。站在講臺上，他以一種故作輕鬆、但誰也聽得出來充滿激動和怒氣的語調，抱怨媒體那些看衰他的人，抱怨他在北卡羅來納大學（University of North Carolina）的教練迪恩・史密斯（Dean Smith）有眼無珠（因為他在一九八一年接受《運動畫刊》（*Sports Illustrated*）訪問的時候，明明被問到他最看好的新鮮人球員是哪幾個，這位教練卻沒提到他），甚至抱怨他花了多少錢買門票讓孩子進來觀禮。

對家人溫馨感謝了幾句之後，他又話鋒一轉，提到臺下一位勒洛伊・史密斯（Leroy Smith）——三十一年前贏過他而取得比賽資格的人。喬丹說，他知道很多人以為他被高中校隊刷掉這件事是謠言，不過「當年那位入選代表隊、讓我被刷掉的勒洛伊・史密斯，今晚也在場」。他說：「他跟當年一樣還是兩百公分——完全沒有變得更高大——球技恐怕也跟當年一樣。不過他也算是激勵我一路走來的人，因為在他入選而我落選的時候，我就決定要證明一件事——不只是向勒洛伊・史密斯證明，也不只是向自己證明，更是要向教練證明——我一定要讓你們知道：選勒洛伊而刷掉我，是個錯誤。」

我們可以從這個部分看出麥可的幾個思考特色。首先，他曲解了一個可以預料的決定，把它當成對自身價值的嚴重羞辱。他並不是被**刷掉**的。實際情況是他跟勒洛伊都去爭取選手資格，結果一個入選，一個沒入選，如此而已，這不叫被「刷掉」。至於這個決定為什麼是意料中的事呢？因為那是高年級的隊伍，而喬丹當時是低年級生！另外，勒洛伊當時是兩百公分高，而喬丹當時是一百八十公分。換句話說，教練的決定根本不是否定他的球技。喬丹這樣曲解實在既幼稚又自戀，他原本可以為勒洛伊高興，也可以向教練多多學習，可是他卻把他們看作敵人。

而且為此耿耿於懷幾十年。

隨著喬丹的抱怨愈來愈多、內容愈來愈瑣碎，觀眾的尷尬瀰漫整個會場。喬丹特別提到公牛隊前總管傑瑞．克勞斯（Jerry Krause）一九九七年講的話，大意是奪冠靠的是整個組織通力合作，不只是個別球員的功勞。克勞斯其實沒說錯，但喬丹覺得這小看了他的貢獻，所以他故意不邀克勞斯參加典禮，算是報復。他還語帶自豪地提到另一件往事：有一年在夏威夷，他把當時的湖人隊

（Lakers）教練帕特・萊利（Pat Riley）趕出旅館房間〔萊利戰功彪炳，後來先後擔任紐約尼克隊（Knicks）和邁阿密熱火隊（Heat）的教練〕——因為他想要那間。

朋友們知道喬丹希望這席話真的能對人有幫助，所以他刻意不說制式謝詞，比較著重於告訴大家進取心是怎麼鍛鍊出來的。他想讓大家知道這條路多難走、要付出多少代價，他想好好說明憤怒多能激勵人求勝——每一次被羞辱，每一次被小看，每一次別人不順**他的**意，都讓他變得更強。

然而，他傳遞出來的訊息幾乎恰恰相反。[13]他的確證明憤怒可以是剛猛有力的燃料，但大家看得更清楚的是：憤怒不只吞噬了他，也傷了他周遭的人。

在職業生涯的某些時刻，喬丹的確因為憤怒而打得更好、得到更多，可是怒火也害了他自己和他的隊友。他跟史蒂夫・科爾（Steve Kerr）、詹姆士・卡特萊特（Bill Cartwright）和夸米・布朗（Kwame Brown）都打過或吵過，他也刻薄

13　也許只有老虎伍茲的感想跟別人不一樣，他對他的高爾夫教練說：「我覺得很有幫助。喬丹經歷了這麼多，他會這麼強不是沒有道理的。人一定得找到激勵自己的方式。」伍茲之所以在拉斯維加斯（Las Vegas）迷上賭博，喬丹要負部分責任。

地打擊對手的自尊心〔例如在一九九五年季後賽上，他讓麥斯．波古斯（Muggsy Bogues）得到罰球機會之後，對著這位一百六十公分的對手罵：「射看看啊，臭矮子。」〕一九八九年在訓練營的時候，他還惡意肘擊一個名叫馬特．布魯斯特（Matt Brust）的新手球員，不但讓他一時失去意識，更斷送了他的NBA之路。

簡言之，喬丹的球雖然打得漂亮，他的行為卻常常既野蠻又醜陋。

憤怒真的是喬丹不斷奪冠的祕密嗎？（換個方式問：中學的喬丹一年後如願入選校隊，究竟是因為憤怒給了他助力，還是因為他長高了十公分？）還是憤怒麻痺了他打球的樂趣，讓他無法真正享受自己的成就？〔拿湯姆．布萊迪（Tom Brady）對照，他也是球場常勝軍，但他從不口出惡言或爆怒。〕

我們可以從歷史中看到：進取心主要來自憤怒的領袖、藝術家、將領和運動員，長期來看都會失敗，即使沒有失敗，他們也活得鬱鬱寡歡。以尼克森（Richard Nixon）為例，他討厭常春藤盟校菁英、討厭記者、討厭猶太人，還討厭其他很多種人。在離開白宮前幾個小時，他對幾個忠心耿耿的部下講了頗有格調的話，渾然不覺這番訓勉與他實際為人落差多大：「千萬記住，別人可能會討厭你，但除非你也開始討厭他們，否則他們贏不了你。要是你也跟著討厭他們，你會毀了自己。」

講得真好。他的失敗正好證明他說得對。

我們真正敬重的領袖，那種比其他人看得更遠的人，他們奮發的動機絕不只是憤怒或厭惡。從雅典名將伯里克里斯（Pericles）到馬丁．路德．金恩，我們發現偉大領導者的動力是出自於愛，他們熱愛國家，有同情心，敬天知命，謀求和解，才識過人，胸懷理想，重視家庭。

其實喬丹何嘗不是如此？他表現最好的時候絕不會滿腦子只想痛宰對手，而是他真正**享受打球**的時候。他能拿到那麼多冠軍戒指，都是因為綽號「禪師」的教練菲爾．傑克森（Phil Jackson）勤教嚴管。

說麥可．喬丹像尼克森一樣扭曲痛苦，或是說他完全沒從籃球中得到快樂，都過於偏頗。不過，他的致詞實在令人瞠目結舌。他居然把這麼多的憤怒和痛苦藏進靈魂，時候到了就爆開，炸得千瘡百孔，滿目瘡痍。

塞內卡認為憤怒終究會阻礙我們實現目標。也許它能暫時幫助我們在特定領域取得成功，但長期來說，憤怒有毀滅性。如果它不能讓我們感到滿足、快樂或充實，成就再高又有什麼意義呢？如果像喬丹說的那樣，想要勝利，就必須一再提醒自己被當成廢物的感覺，這種交易還真是奇怪。站上世界頂峰的報償，不該是讓你變成一個會走路的開放性傷口，一天引爆一千次。

怒氣如雷霆閃電而非文火悶燒的人，又會有什麼後果呢？我們再一次看看塞內卡怎麼說：

> 最令人盲目智昏的是憤怒，最仗恃自身力量的也是憤怒。發怒而得逞之人最桀驁不遜，發怒而徒勞之人最無理取鬧——因為憤怒即使遭遇頓挫也不知倦怠，頑固不退。當好運降臨助它剷除了敵人，它的利齒便轉向自己。

發怒往往適得其反。這裡發發雷霆之怒，那裡罵罵無能之人，雖然或許能讓你暫時解氣，甚至得到一絲快意，但逞一時之快的殘局向來難以收拾。即使出言道歉，即使發怒帶來的好處大於害處，傷害還是已經造成，惡果還是已經種下。你對著他吼的那個人現在成了敵人，你暴怒打凹的那個櫃子以後永遠礙眼。你血壓升高，心跳加速，離把你送進醫院或墳墓的心臟病發更近一步。

別人有意惹惱我們的時候，我們可以假裝視而不見，聽而不聞。我們可以放慢速度，讓極端情緒有時間煙消雲散。如果我們知道哪些人或事會讓自己惱火，就乾脆避開那些人和場合（需要的話，避開一整座城市也可以）。感到自己火氣上來的時候，快試著拉開刺激與反應之間的距離，並設法離開。你可以說「這讓我不太舒服，我不想失去冷靜，先失陪」，或是「我沒興趣，也不想理會」。你甚至可以想想羅傑斯先生那首關於發怒的歌：

想做不對的事的時候
最好停下來想想
想想這首歌
做點別的事

雖然現在的我們大概覺得歌詞很蠢，但發怒不蠢嗎？這首歌會比一個成年人為了點芝麻小事失去冷靜、大發雷霆更蠢嗎？會比說或做出可能讓你後悔一輩子的事更蠢嗎？

雖然控制脾氣的主要目的不是減少後悔，但這也是很重要的一項因素。控制脾氣的主要目的是改變人，改變那個被憤怒驅使而不快樂的人。他們無法沉靜。他們在阻撓自己的路。他們在降低自己的成就，也在摧毀自己的目標。

佛教認為憤怒有如內在之虎，不斷撕咬它所寄居的身體。想達到沉靜（及沉靜具備的澄澈思考和宏大視野），就必須在老虎吞噬我們之前馴服它。請注意：對於欲望，我們必須覺察，但對於憤怒，我們必須**克服**。因為憤怒不只會傷害我們，也會傷害許多其他的人。雖然常有人批評斯多噶過於嚴格，但他們追求的正是莊敬持重，進退有節，這樣才能保護自己和所愛的人不受情緒之累。

籃球顯然是喬丹深愛的運動，是他的避風港，也帶給他許多滿足。可是在爭強好勝的過程中，他讓籃球變質成開放性傷口，血流不止，疼痛難平。這也許讓他少拿了好幾次冠軍，也讓他沒能充分享受名人堂典禮那特別的一晚。

這不可能是你想要的。你不會想成為這樣的人。

因此，我們必須趕走憤怒，用愛、感謝和決心取代它。沉靜取決於我們慢下來、選擇**不**生氣的能力。所以，我們要為自己挑選有別於憤怒的燃料。那種燃料要能幫助我們進步求勝，但不能傷害到別人，也不能破壞我們對理想和平靜的追求。

一切即一

你所見到的一切——不論是神祇或凡人——俱為一體。
我們都是同一個偉大身體的一部分。
——塞內卡

一九七一年，太空人艾德加．米切爾（Edgar Mitchell）進行阿波羅十四號任務時，從約三十八萬四千公里的高空眺望家鄉，地球就像是顆小小的藍色大理石子。一時，他感慨萬千。他後來說：「我突然湧出一股全球意識，一股對人類的情感。在此同時，我也對世界現狀產生強烈的不滿，覺得自己非做點事不可。」

從這麼遠的距離回望，世界上的一切爭執都變得微不足道。國家和種族的差異消失了，很多看似急迫的問題也都成了雞毛蒜皮的小事，剩下的只有彼此相依的情感，以及對天地萬物的悲憫。

從寂靜無聲、失去重力的太空艙看著地球的時候，米切爾真想揪住所有自私政客的脖子，把他們拖到太空，指著地球對他們說：「給我好好看看，你這混帳王八蛋。」

他並不生氣。相反地，他覺得那是他這輩子最平靜、最安詳的時刻。他之所以想這樣做，是希望那些政治領袖——那些原本該為同胞謀福利的人——產生和他一樣的領悟：我們是一體的，我們都在一起，這個事實是**唯一**真正重要的事。

用基督宗教的方式來說，這叫「agape」：經驗到更高力量的愛所產生的狂喜，為自己是依神的形象而造感到無比幸福。如果你見過貝尼尼（Bernini）雕的〈聖女大德蘭的神魂超拔〉（Ecstasy of Saint Teresa），你應該很具體地體會過這種感覺。天使帶著微笑拿一枝箭刺向大德蘭的心，金色的陽光從天堂照下。大德蘭雙眼緊閉，嘴唇微開，此刻的她認識到、更**體悟**到主愛之深，還有她與天主的親密連結。

我們彼此相連，**俱為一體**。這份了悟能改變一個人，不論它出自太空裡的視角、出自宗教神祕經驗，還是出自冥想時的寂靜。

隨這份了悟而來的是無與倫比的平和……還有無與倫比的沉靜。

有了這份了悟，我們打從心底脫下自私、脫下自戀，從種種紛擾中抽身。

希臘人講的是「sympatheia」，亦即過去、現在、未來的一切彼此相依相連。他們相信世上每一個人都有重要任務，必須予以尊重。當約翰．凱吉決定忠於自己獨特（或許古怪）的音樂風格（例如他那首四分三十三秒沒有聲音的歌），走上與眾不同的路，他的想法也是如此。他說，我們每一個人都像同一個身體的不同部位：「如果能把全體人類看成一個人，我們一定能了解為什麼獨特性是必要的——例如手擅長做的事，眼睛不必去做。」

更有哲理的方式是這樣說：不但獨特性是必要的，**每一個人**也都是必要的。你不喜歡的人是必要的，經常惹毛你的人是必要的，連虛擲光陰、欺世盜名、壞法亂紀的人，也是這條更大的恆等式的一部分。我們或許應該試著欣賞——至少同理——他們，而非試圖聲討或改變他們。

羅伯．葛林以不帶批判地研究權力與誘惑聞名。在《人類天性法則》（*The Laws of Human Nature*）裡，他說我們應該多多實踐「相與之樂」（mitfreude，希望別人更好），而非「幸災樂禍」（schadenfreude，樂見別人遭禍）。我們可以主動實踐原諒，特別是原諒那些曾經傷害我們的內在小孩、讓我們現在必須努力修復的人。我們可以試著理解自己不以為然的人。Tout comprendre c'est tout pardonner，理解一切即寬恕一切。泛愛一切即與一切相安——包括與你自己相安。

請仔細想想你在乎的事、你珍愛的物品、你深愛的人，或是一份意義深重的經驗。品味這份感覺，還有你想到它時感受到的暖意。現在請再想想：**每一個人**對生命中的某個人、某件事，都有這種感覺，即使是十惡不赦的凶手，即使是剛剛在超市撞到你的那個混蛋，同樣也有這麼柔軟的一面。而且不只是你，每一個曾經存在的人都有這一面。這把你與埃及豔后克麗奧佩脫拉（Cleopatra）、法國皇帝拿破崙，還有廢奴英雄腓特烈·道格拉斯（Frederick Douglass）連結在一起。

痛苦也是共通的。也許你曾經覺得天都要塌下來了，這同樣是人類共享的感覺，同樣是你與其他人的連結。因為與太太吵架而出門散心的男子，因為孩子成天闖禍而擔心不已的母親，因為週轉不靈而憂心如焚的商人，因為父母逝去而哀傷的兄妹，看著新聞祈禱國家不要捲入戰爭的小市民，腦子裡想的無非都是——

該怎麼辦？

不論是憂傷還是快樂，沒有人是孤獨的。在大街上、在海的那一端、在另一個文化裡，一定有另一個人經歷著與你幾乎一模一樣的感受。現在有、過去有，以後也一定會有。

你甚至能從這一點出發，與你自己和你的人生產生更深的連結。你今晚望著的月亮，與你童年那個驚恐夜晚望著的一樣，與你將來或哀傷、或快樂地望著的一樣，與你的子女在他們人生某個時刻望著的也一樣。

不論你現在是喜是悲，只要能從當下排山倒海的情緒裡後退一步，你就能看見別人也有同樣的經驗，這能讓你產生與其他人的連結感，減輕你當下的痛楚。我們都是一條繩子上的股，它串起無數個世代，連結起每一塊大陸、每一個國家裡的每一個人。我們思考的是同樣的問題，感受的是同樣的情緒，由同樣的元素構成，也受同樣的動機驅使。我們都是星塵。沒有人比野心家或創作者更需要知道這個事實，因為他們更活在自己的小世界裡。

在個體中見普遍，在普遍中尋個體。這不只是藝術創作、領導統御甚至企業管理的關鍵，更是安身立命的關鍵。這樣做不但能降低外在世界的噪音，也能接通智慧的頻道，讓你與聖賢和智者同遊。

這種連結性和普遍性不僅止於人類。哲學家瑪莎．努斯鮑姆（Martha Nussbaum）近來指出：人類有一種自戀心態，總是執迷於苦思人之為人的意義。更好、更開放、更能產生連結、但也更暴露出我們的脆弱的問法是：何謂生命？何謂存在？她說：

> 我們與其他幾十億種有感知能力的存在共享地球，牠們各有複雜的生存方式，這些方式是牠們之為牠們的獨特性。如亞里斯多德早已觀察到的：我們的動物同胞也試著生存，也努力繁殖牠們的物種。牠們都有感知能力，牠們也都有欲望，牠們絕大多數都會為所欲或所需而遷徙。

我們與這些生物的DNA相去不遠，我們呼吸同樣的空氣，走在同樣的大地，游在同一片海洋。我們不可能不與彼此連結，而當然，我們的命運也是。愈是明白人類與其他生物有很多共同點，就愈能認識和珍惜自然。愈不盲目隨一己需求起舞，就愈能看見我們周遭生物的需求，也愈懂得珍惜生態系統。我們都是這個系統的一部分，不可能置身事外。

平靜是明白在長長的光譜上，勝負幾乎是同一個點。平靜是懂得為別人的成功喜悅，也讓他們為我們的成功喜悅。平靜是與人為善，是善待其他生命，因為你知道這樣做利人利己。

我們是一個龐大的有機體，相互結合，一起參與一個沒有盡頭的計畫。我們是一體的。

我們是一樣的。

可惜我們經常忘記這一點，也常常在不知不覺中把自己都忘了。

下一步……

以約失之者，鮮矣。
——孔子

L'essentiel est invisible pour les yeux。真正重要的，眼睛看不見。弗瑞德·羅傑斯裱框的這句話其實是節錄，它出自美麗的虛構故事《小王子》（*The Little Prince*）。這本書的作者是安東尼·聖修伯里（Antoine de Saint-Exupéry），法國飛行員和二戰英雄。故事裡的狐狸對小王子說：「我的祕密其實很簡單：只有用心才能真正看見。真正重要的，眼睛看不見。」

我們一開始追求的是心的清明，但我們很快發現：想達到沉靜，靈魂的狀態必須一樣好。心思清明加上靈魂澄澈，才能既成就卓越，又保持平靜。想讓非看見不可的重要事物浮出表層，**心**和靈缺一不可。

你很快會發現，檢視靈魂比滌淨心思更難。它需要我們一層一層剝開作家馬克．曼森（Mark Manson）說的「自覺洋蔥」，並為自己的情緒和衝動負起責任。有做過的人都知道，伴隨洋蔥的常常是淚水。

不過，排球冠軍克麗．沃爾什．詹寧斯（Kerri Walsh Jennings）講過，她之所以能在球場上攻無不克，正是因為她不畏碰觸自己的軟肋，勇於認識真實的自己，找到平衡和意義，培養德行。

有些古老傳統認為靈魂在腹部，這種看法擺在這裡尤其貼切。原因有二：首先，我們剛剛已經穿過這本書的**腹**地；其次，「腹」正好帶出我們接下來要談的主題。

沉靜不只是抽象概念，它也是很實際的東西。我們不只能思考它、感受它，它也**在我們的身體裡**。塞內卡告誡過我們：「身體靜止不代表靈魂平靜」。反之亦然，老子說：「動者靜之基」。[14]

14 此句出自《太上清靜經》，非《道德經》。

我們接下來要談的是沉靜的最後一個領域，亦即我們日常生活中具體可見的**樣貌**——身體（別忘了，心和腦都包含在身體裡）、身體活動的環境，以及身體順從的習慣和規律。

操勞過度或遭到濫用的身體不只是不沉靜而已，它還會製造亂流，在我們生活的其他部分掀起風波。負荷過重和遭受重創的心容易染上惡習，甚至腐化。頹廢、懶散的生活是靈魂空虛的表徵。我們可以積極行事，活潑好動，但依然保持沉靜。事實上，我們必須為沉靜積極行動，才能領悟它的真諦。

人生路險，福禍有時。我們沒有軟弱的空間，我們沒有脆弱的餘裕。我們必須強健身體，讓它成為承載心與靈的物質容器，讓它經得起物質世界的無常考驗。

所以，我們現在要進入沉靜的最後一個領域——身體，討論它在現實生活和現實人生裡的角色。

第三部

身

我們都是雕刻家和畫家，材料就是我們的骨、肉和血。

——亨利・梭羅（Henry David Thoreau）

溫斯頓．邱吉爾（Winston Churchill）一生豐富多產。二十一歲那年，他第一次見證戰爭，不久便寫出他的第一本暢銷書。二十六歲時，他獲選為國會議員，此後擔任公職長達六十五年。他一輩子產量驚人，寫作多達一千萬字、超過四十本著作，畫畫超過五百幅，發表過的演講差不多在兩千三百場之譜，而且在做這些事的同時，他還先後出任國防部長、第一海軍大臣、財政大臣——當然還有英國首相。他領導英國對抗納粹，功在世人，甚至直到晚年仍奮鬥不懈，力阻共產極權擴張。

「這是積極奮進的時代，」邱吉爾年輕時曾寫信對母親說，「我們得把休息擺到一邊。」這句話猶如夫子自道，他大概是史上最積極進取的人。在年輕的時候，他見證了大英帝國的最後歲月（一八九八年時，他以隨軍記者的身分觀察英國殖民地的反抗）；在年邁的時候，他更親自催生了核子時代和太空時代。他第一次去美國搭的是輪船（而且是由馬克・吐溫（Mark Twain）介紹上臺！」，最後一次去美國則搭乘波音七〇七，時速約八〇四公里。他一生經歷兩次世界大戰，親眼見證汽車、收音機和搖滾樂登上歷史舞臺，遭遇無數考驗，也贏得無數勝利。

邱吉爾沉靜過嗎？對於這樣一位積極進取、爭強好勝、樂在壓力的人，我們可以說他「沉靜」或「平和」嗎？

雖然乍聽之下似乎有點矛盾，但答案是肯定的。

誠如保羅・約翰遜（Paul Johnson）——最傑出的邱吉爾傳記作者之一——所說：「邱吉爾的工作量雖如泰山壓頂，他卻能透過創作恢復精力。他在工作與休閒之間取得的平衡，值得任何一位位居要津的人仔細研究。」幾十年前，約翰遜曾在路上巧遇邱吉爾。當時，這位尚未以寫作為業的年輕人興奮莫名，向老首相喊道：「閣下，請問您的成功祕訣是什麼？」

邱吉爾幾乎是不假思索地回答：「保存精力。能坐著絕不站著，能躺著絕不坐著。」

是的，邱吉爾用心保存精力，所以他從不畏懼艱難，也從不迴避挑戰，所以他儘管日理萬機，卻從沒讓自己疲於奔命，也從不放過讓人生值得一活的小小樂趣（除了努力之外，約翰遜還提到邱吉爾成功的另外四個祕訣：目標訂高；不為錯誤和批評喪志；不為私怨、權詐和內鬥浪費精力；為樂趣留些空間）。即使在世界大戰期間，邱吉爾還是保有幽默感，他從不錯過世間之美，也從沒變得精疲力竭或憤世嫉俗。

關於如何過得幸福，不同傳統有不同建議。斯多噶派提倡決心和鋼鐵般的意志力。伊比鳩魯派宣揚放鬆和素樸的樂趣。基督宗教鼓勵拯救世人和榮耀上帝。法國人則強調生活情趣。最快樂和最有韌性的人通常會多方嘗試，將上述每一種方式都融入生活，邱吉爾也是如此。他高度自律，充滿熱情。他是優秀的軍人，既嗜讀成性，也樂於追求榮譽。他是政治家，也是砌磚匠和畫家。他有一次跟朋友開玩笑說：我們其實跟蟲子差不多，一輩子就是吃、拉和死——不過，他還是寧可把自己想成**螢火蟲**。

邱吉爾的心智能力和靈魂力量有目共睹，他無疑是心的領域和靈的領域的大師。雖然他身材肥胖，看起來實在不像能掌握沉靜的第三個、也是最後一個領域——身體，但實際上，他也是身的領域的個中翹楚。

沒什麼人想得到他在身的領域也出類拔萃。他自幼體質不佳，年輕時還抱怨說：「我簡直是被這個爛身體詛咒，幾乎連一天的疲勞都撐不住。」可是，他就跟之前的老羅斯福總統一樣，在孱弱的身體中培養出不屈的靈和堅定的心，克服了先天的身體侷限。

每一個希冀內在平靜的人都必須追求身心平衡。古人有云：Mens sana in corpore sano——健全的心靈寓於健全的身體。切記：在我們說某人對某件事充滿「熱情」的時候，這個「情」不是情緒，而是毅力與韌性。用「情」這個字來描述毅力和韌性其實有點誤導，因為「情」發自心，但毅力和韌性靠的是**脊梁**——身體的支柱。

邱吉爾年輕時便鍾情寫作，可是他走的路跟傳統的作家不同，他不是把自己關在書齋裡，而是以身體投入行動。他先後旁觀或參與了三場戰爭，親身見證大英帝國的衰頹。他最早是在南非波耳戰爭（Boer War）中擔任隨軍記者，一八九九年遭俘，後來冒著生命危險越獄。

一九〇〇年，他首次當選國會議員。三十三歲時，他了悟偉大不可能隻身追求，遂將身體獻給另一個人——娶克莉蒙汀（Clementine）為妻，以她的聰慧與冷靜平衡他的諸多缺陷。他們的婚姻在當時蔚為佳話，夫妻二人感情甚篤，彼此互稱「巴哥」和「小貓」。「說動我太太嫁給我，」他說，「是我這輩子最大的成就……我在平時和戰時遇到很多挑戰，要是我沒有我們英國人說的『更好的一半』相助，我不可能度過這些難關。」

如前所述，邱吉爾是個積極進取的人，他樂在忙碌，也雄心勃勃。他很少情緒激動，更無法忍受做事沒有計畫。要是你知道他為了展露機鋒而私下練習過多少次，你恐怕會少了很多為他的珠璣妙語莞爾的樂趣。他講過，沒人知道他為了這些哏費了多少心思，更沒人知道要讓這些哏看似得來全不費工夫要絞盡多少腦汁。「每一晚，」他說，「我都像把自己送上軍事法庭似地，一再質問自己白天有沒有把事情做好。我不只是稍微想一下而已——稍微想一下誰都做得到——我是很嚴格地質問自己。」

在寫作方面，邱吉爾多產得驚人。他邊擔任公職邊寫書，光是從一八九八年到一次大戰結束就出版了七本。你一定想問：他是怎麼做到的？他究竟怎麼讓自己寫出這麼多東西？答案很簡單：讓身體養成規律。

他每天早上八點左右起床，先洗個澡。浴缸的水一開始是約攝氏三十七度，他邊泡邊加溫到四十度（通常是坐著泡，偶爾翻翻身）。洗完澡後，趁著神清氣爽，先讀兩個小時書。然後再回一回信，主要跟公事有關。到了差不多中午，他才總算去跟太太打聲招呼（他一輩子始終相信：婚姻幸福的祕密，就在於夫妻兩人到中午之前都別見面）。接著，他開始寫該寫的東西（可能是文章，可能是演講，也可能是書）。埋頭寫到下午一兩點，他會突然停筆，去吃午餐（這時他才終於著裝）。午餐後，他會在他位於倫敦郊區的查特韋爾莊園（Chartwell）散步，餵餵他的天鵝和魚——對他來說，這是他一天當中最享受也最重要的事。餵完之後，他會在門廊呼吸新鮮空氣，思索問題，陷入沉思，時不時吟首詩來找尋靈感或平靜。到了三點，他會午睡兩個鐘頭。午睡之後是家庭時間，接著洗第二次澡，八點後和家人吃頓正式晚餐。晚餐後喝個幾杯，再寫個一回合，然後上床睡覺。

他一直維持這種作息，連聖誕節都不例外。

邱吉爾勤奮而自律，但他與我們一樣，也不是十全十美的。他經常工作過量，而且往往是因為揮金如土（這讓他寫了不少其實最好別出版的東西）。他急躁、好賭，喜歡攬事。他有一次把自己畫成兩萬磅重的肥豬，這不是戰時過度操勞的結果，而是自我放縱所致。

他的人生並非一帆風順，他也多次因為壓力導致判斷失準，犯過很多錯。他在一次大戰期間擔任海軍第一大臣，但因決策錯誤，數次造成英軍大敗。不過他辭職負責，並主動請纓與皇家蘇格蘭燧發槍團（Royal Scots Fusiliers）同赴前線，挽救了自己的政治前途。戰後，他重新回到內閣，先擔任陸軍大臣兼空軍大臣，後來又接下殖民地大臣一職。

一九二〇年代中期，邱吉爾出任財政大臣（他接下這個職位其實是不自量力），同時簽約要寫一部長達三千頁的六卷本戰爭回憶錄——《世界危機》（*The World Crisis*）。照邱吉爾自己的想法，他可以埋頭撐完這部篇幅驚人的鉅作。但他身邊的人都認為這份工作負擔太大，擔心他耗盡精力，都勸他找個能讓自己放鬆和享受的興趣。「別忘了我跟你講過，你得記得休息，」首相史丹利·鮑德溫（Stanley Baldwin）也寫信提醒他，「接下來這年還有得忙，很多工作需要你保持健康。」

邱吉爾以他一貫不按牌理出牌的風格，選了一個沒人想得到的興趣：砌磚。他向查特韋爾莊園的工人從頭學起，一步步和砂漿、鏝平、疊磚，很快就愛上了這個步調慢而按部就班的手藝。砌磚跟他擅長的寫作和政治不一樣，不但不讓他覺得累，反而讓他精神百倍。熟練之後，他一個鐘頭能砌九十塊磚。一九二七年，他還興致沖沖地寫信對首相說：「我這個月過很愉快，邊蓋屋子邊口述文章，一天能砌兩百塊磚，寫兩千個字。」（在此同時，他還每天花幾個小時處理政務）有朋友注意到邱吉爾的改變，發現身體勞動讓他獲益良多。砌磚也讓邱吉爾享受到額外的天倫之樂——他的小女兒莎拉（Sarah）盡責地為他遞磚，當他可愛的小助手。

一次大戰的黯淡歲月也讓邱吉爾培養出另一個興趣——畫油畫。當時，他的弟妹見他像個壓力鍋似的，就送了他一些顏料和畫筆，因為她的幾個孩子都很喜歡畫畫。在《以繪畫為消遣》（*Painting as a Pastime*）這本小書裡，邱吉爾將自己的體驗說得生動：多多從事會運用到身心其他部分的活動，能讓身心過度使用的部分放鬆。「培養興趣和新的嗜好是公眾人物的第一要務，」他寫道，「想真正感到快樂和放鬆，一個人至少要有兩三個嗜好，而且都必須是具體的。」

雖然邱吉爾的畫並不畫得特別好（他砌的牆也常常需要專業匠人修整），但只要看到他的畫，一定感覺得出他多樂在其中，畫中的每一筆都表現出他對畫畫的愛。「光是動筆畫就樂趣無窮。」他說：「色彩賞心悅目，鮮嫩欲滴。」先前有一位名畫家建議過邱吉爾：在畫布前千萬別猶豫（意思是：千萬別**想太多**）。他把這個忠告銘記在心。所以，儘管他技巧普普，他始終不怯於下筆，也從不為畫不好而懊喪（只有這樣才能解釋他的勇氣：他曾對首相官邸的魯本斯（Peter Paul Rubens）原作下手，在那幅無價之寶上頭加了一隻老鼠）。畫畫對他來說是取樂，是**休閒**，不是工作。

畫畫跟其他的好嗜好一樣，能讓從事其中的人享受當下。「觀察大自然的敏銳度提高，」他寫道，「是我透過繪畫得到的主要樂趣之一。」在接觸繪畫之前的四十年，邱吉爾幾乎被他的工作和野心消耗殆盡。開始畫畫之後，他的視野和感知能力都提高了。畫畫逼他放慢速度，坐定在畫架前，調顏色，等顏料乾。在這樣的過程中，他終於**真正見到**以往匆匆略過的風景。

透過繪畫，邱吉爾其實在刻意培養一種技能——以身體活動提升心的覺察能力。他開始去美術館看畫，看完後先等一天，再試著憑記憶重繪。他也開始嘗試畫出以前見過的景色（基於同樣的原因，他也喜歡大聲背誦詩句）。他的終生摯友紫羅蘭．邦漢．卡特（Violet Bonham Carter）說：「畫畫挑戰他的智力，增強他的美感和比例感，讓他發洩創作衝動……也帶給他平靜。」她還說，只有繪畫能讓邱吉爾安安靜靜沉浸其中。邱吉爾的另一個女兒瑪莉（Mary）也發現：畫畫和勞作「是他憂鬱天性的最佳解方」。它們讓他暫時擺脫思考，全神貫注於身體活動，心情也隨之開朗。

後續發展證明這對他十分重要。一九二九年，他一路順遂的政治生涯似乎被迫結束。接下來十年，他被排除在權力圈外，在查特韋爾莊園裡過著宛如流放的日子。在此同時，儘管歐洲法西斯主義的威脅日益嚴重，首相張伯倫（Neville Chamberlain）和一整代英國政客仍然只想息事寧人。

人生就是如此，它有時候會突如其來給我們一擊，讓我們努力的一切化為雲煙，讓我們對自己在意的事似乎再也使不上力。在這樣的打擊之後，我們要面對的不只是心或靈的問題，更是身的問題：**接下來該做什麼？該怎麼挺過這些壓力？**

奧理略的建議是：遇到這種情況，你必須「珍惜你學過的技藝，讓它給你力量」。一九一五年，在得知英軍於加里波利之戰（Gallipoli campaign）大敗之後，邱吉爾說他的感覺「像海怪從海底深處被釣上來，也像潛水夫突然升上水面，壓力驟減讓我血管幾乎爆開。我心焦如焚，但無法減輕，我空有宏圖大志，卻力不能勝」。他就是從這個時候開始畫畫的。到了一九二九年，在他再次遭受重挫的時候，他又一次重拾他的技藝和興趣，藉此放鬆，也藉此思考。

雖然在一九三〇年代中期的時候，邱吉爾並不知道這次沉潛的意義。可是事實證明：在德國重整軍備這段時間遠離權力圈，反而讓他能冷靜盱衡情勢。淡出曾經熟悉的舞臺並不簡單，按捺復出的衝動更不容易，但他此時要是迫不及待想重返政壇，恐怕只會被他那些懦弱無能的同儕拖累。在英國當時的政治人物中，邱吉爾是極少數仔細讀完《我的奮鬥》（*Mein Kampf*）的（要是張伯倫讀過這本書，也許希特勒會更早踢到鐵板）。這段時間也讓邱吉爾能積極經營寫作和廣播事業，讓他在美國成為家喻戶曉的名人（這為英美兩國後來的結盟奠定良好基礎）。而當然，他也終於有空好好陪伴他的金魚、孩子與油畫。

他必須等待。除了在門廊度過的那些悠閒午後之外，這是他有生以來第一次什麼也**不**做。

要是他讓這段低潮動搖他的心，啃噬他的靈，迫不及待想搶回鎂光燈，陷入僵局的內閣還會找他這個局外人來領導國家嗎？要是他沒有這樣「落寞」十年，六十六歲的他還能老驥伏櫪，將國家興亡扛在肩上嗎？要是他一直維持原先的高速步調，他還有精神和體力擔起這份責任嗎？

我想不太可能。

邱吉爾自己講過：每個先知都必須被放逐到曠野，經歷孤獨與匱乏，專心反省和沉思。他深信自己口中的「心理炸藥」必須以肉體考驗製作。國會請他出山時，他準備好了，也休息夠了。他能見人之所未見，也願意接受其他人不願接受的挑戰。在每一個人都忌憚希特勒的時候，邱吉爾沒有低頭。

相反地，他選擇對抗。在下議院裡，他傲然挺立，對同儕們說：

> 儘管歐洲的大片土地和許多古老而著名的國家，已經或可能淪入蓋世太保之手，即使納粹可憎的魔掌已近在眼前，我們絕不投降，也絕不言敗。我們會堅持到底。我們會在法國作戰，我們會在海上作戰，我們會以日益堅強的信心和力量在空中作戰。不論要付出多少代價，我們都會捍衛家園。我們會在灘頭作戰，我們會在登陸地作戰，我們會在田野作戰，我們會在街頭作戰，我們也會上山作戰，我們絕不投降。雖然我從不相信這

座島嶼或大部分國土會被攻占或圍困，但即便如此，海外臣民仍將在大英艦隊的武裝和護衛下繼續戰鬥，直到上帝預備的時刻到來，新世界傾其全力解救舊世界。

邱吉爾要求家人拿出同樣的勇氣。聽媳婦問如果德國真的入侵該怎麼辦，他厲聲回答：「廚房裡有的是刀，拿刀子拚命總做得到吧？」

雖然大英帝國也做過不少侵害人權的齷齪事，可是在納粹身上，邱吉爾嗅出罪無可逭的邪惡氣息。雖然納粹當時還沒大舉興建集中營，也還沒開始種族屠殺，但邱吉爾知道：只要一個領袖仍自尊自重，只要一個國家仍有道德原則，就絕不可能與希特勒議和。即使談判比作戰容易，即使議和可以讓英國免於戰爭，也絕不能與惡魔做交易。在此同時，他也對戰爭激起的情緒審慎以對。「除了希特勒以外，我誰也不恨，」他說，「這才叫專業。」

從一九三九年英國對德國宣戰開始，到一九四五年中戰爭結束，邱吉爾宵衣旰食，毫不倦勤。戰爭期間，克莉蒙汀特別為他設計了一套既能外出見客，也能和衣而眠的「警報裝」（siren suit），不過英國大眾老愛叫它「連身褲」。這套衣服為他省下著裝的幾分鐘寶貴時間，讓他能稍微打個盹，得到他更需要的休息。

的確，二戰那幾年他失去了平衡，每週工作長達一百一十個鐘頭，很難靜得下來。據估計，光是從一九四〇到一九四三年，他就乘車、搭船、坐飛機奔波了十七萬七千公里。有人說在戰爭期間，他「行程比森林野火還趕，日子過得比颶風還不平靜」。不過，就像之前說過的，他在低潮時期休養生息正是為了這一刻。而且，即使他和戰時內閣必須待在地下碉堡，過得像隻地鼠，他還是盡可能維持平日作息。雖然這時的他沒什麼時間畫畫，也沒什麼機會接觸大自然，但只要得便，他一定好好把握（他有一幅畫畫的是北非日落，筆觸很美。那是他在卡薩布蘭加（Casablanca）跟盟國領袖開會的時候，多花了五小時車程去捕捉下來的）。

二次大戰嚴重挑戰了東西方文明的神聖價值，要比哪一個人為守護和發揚這些價值貢獻更大，恐怕沒人比得過他。那麼，在他付出這麼多之後，他得到什麼回報呢？

一九四五年，他領導的保守黨在選舉中慘敗，他失去了首相一職。得知結果時，克莉蒙汀安慰他說：「也許這是偽裝起來的祝福。」他回答：「那它也偽裝得太好了。」一如以往，他錯了，她說的才對。

因為卸下重擔，不只讓他有餘裕寫作最後一部回憶錄——《第二次世界大戰》（*The Second World War*，這部書留下明確的教訓，告誡世人別再重蹈覆轍，又一次自尋死路），也讓他再一次得到休息，重新恢復平衡。他四處作畫，一九四八年在馬拉喀什（Marrakech），一九五〇年代在南法。他一生畫了大約五百五十幅畫，其中有一百四十五幅是二戰之後畫的。

邱吉爾一生孜孜矻矻，奉獻犧牲，但他大多數時候不是吃力不討好，就是遭到誤解。他的人生豐富多產，但他也為此付出龐大代價。同樣的責任和挑戰要是落在一般人肩上，恐怕十個人也要燃燒殆盡。

「值得嗎？」在他寫的唯一一本小說裡，疲憊不堪的主人翁問道：「拚命奮鬥這麼久，付出這麼多心力，生活過得如此匆忙，犧牲掉這麼多能讓日子輕鬆愜意的事——究竟是為了什麼？」這本小說是他年輕時寫的，那時的他雄心勃勃，席不暇暖，可是對公務其實沒那麼感興趣。後來的他擔任了五十五年國會議員，其中有三十一年是閣員，九年是首相。那些歲月讓他看見生命的真義，也讓他領悟為真正重要的信念奮力一搏的意義。他享受到勝利，也經歷了挫折。在人生走到尾聲時，他發現一切都是值得的。而當然，現在活著的每一個人都該感謝他的付出。

邱吉爾的遺言也肯定了這項事實：

這條路我走得愉快，也走得值得——不過，走一次就夠了！

伊比鳩魯說過，智者的人生能做到三件事：留下著作傳世；理財謹慎，生活無虞；享受鄉村生活。換句話說，人應該反省深思，應該負責而知所節制，也應該找時間在大自然裡放鬆。看看邱吉爾的一生，這幾件事他顯然做得不錯（或者該說，在財務情況良好時，他把這些事做得不錯）。

亞里斯多德說奴隸生活無非是「工作、受罰和食物」，恰與伊比鳩魯理想中的智者形成對照。

現代世界的我們更接近哪一種呢？哪一條才是通往幸福與沉靜的路呢？

有心尋求沉靜，就不能忽略它的最後一個領域——身。這牽涉到我們怎麼對待自己的身體——怎麼照顧它，讓它處在什麼樣的環境，為它建立什麼樣的習慣和規律，還有怎麼讓它即使承受壓力，還是能得到休息和放鬆。

如果我們希望自己能有邱吉爾一半多產，又能與他一樣快樂、熱情和沉靜，我們必須培養以下幾個特質：

- 克服身體侷限。
- 找到能讓自己得到休息和恢復活力的嗜好。
- 建立有益身心的習慣，並加以貫徹。
- 撥出時間從事戶外活動。
- 尋求獨處，開拓視野。
- 學習處變不驚，懂得以不變應萬變。
- 充分睡眠，小心工作成癮。
- 投身比自己更重要的目標。

身、心、靈的確會相互影響。如果我們不好好照顧身體，不建立良好習慣，心和靈再堅強也是枉然。

我們必須為此付出努力，因為只靠空想無法讓心平靜，只憑祈禱也無法讓靈魂安適，想讓身心靈獲得平衡，我們必須身體力行。我們必須從身的領域培養習慣、付諸行動、建立儀式，打好自我照顧的基礎，才能將心和靈放在正確的位置，就像我們必須妥善照看心和靈，才能讓身體處於正確位置一樣。

身、心、靈是神聖的三位一體，彼此互依互賴，緊緊相繫。

學會說不

無為之益，天下希及之。
——《道德經》

在羅馬將領費邊（Fabius）奉命迎擊漢尼拔（Hannibal）時，他什麼也不做。他不發動攻勢，似乎根本不想把這個可怕的入侵者逐出義大利，趕回非洲。

你也許覺得他懦弱，大多數羅馬人也認為如此。但事實上，這是費邊精心構思的策略：漢尼拔已遠離後方，兵力折損難以遞補。費邊認為羅馬最好以靜制動，只要避免正面決戰，就能坐等勝利。

可是大眾難以接受故意按兵不動。**羅馬兵力天下無敵**，批評他的人說，**敵人犯我疆土，豈可不好好教訓！**於是，大家趁費邊參加宗教儀式的時候，逼指揮官米努基烏斯（Minucius）發動攻擊。

無奈米努基烏斯出師不利，馬上落入漢尼拔的陷阱，費邊還得趕去營救。然而即便如此，大家還是把米努基烏斯當成英雄——因為他有採取**行動**。費邊則繼續被視為懦夫，因為他竟然阻止米努希烏斯「前進」。這種迴避作戰、以消耗漢尼拔戰力為主的「費邊戰術」，在費邊任期結束時遭到元老院否決，他們偏好更主動、更強硬的戰術。

可是主動出擊顯然不是好主意。羅馬在坎尼戰役（Battle of Cannae）中對漢尼拔發動攻擊，結果以慘敗收場，幾乎全軍覆沒。直到這時，大家才看出費邊的智慧。他們總算發現：看似謹慎過度的費邊戰術，其實是足智多謀的取勝策略。原來費邊的目的是以時間換取空間，讓敵人自己拖垮自己。在付出龐大代價之後，他們終於明白費邊的用心。

羅馬人會給功在國家的英雄上尊號，紀念他們的重大勝利、偉大成就或開疆闢土之功。在這些響亮的稱號中，費邊得到的讚美十分特殊：Fabius Cunctator。

拖延者費邊。

他的功勞是**等候**，是不輕舉妄動。他為往後的領導者樹立重要典範，尤其是那些本身沉不住氣或是受到追隨者的壓力，覺得自己必須大膽行動、立刻出手的人。

棒球場上的名聲往往取決於揮棒的膽識。對弱小窮國的選手來說，敲出幾支全壘打更是贏得球探或教練青睞的不二法門。多明尼加共和國有句話說：「坐等保送出不了國門。」意思是說：能**打**才上得了檯面。

人生好像也是如此。不好好把握機會就得不到好處。

可是運動心理學大師強納森．法德（Jonathan Fader）博士不是這樣看的。他與紐約大都會隊（New York Mets）合作將近十年，他認為一心只想擊球未必是好事，甚至可能影響剛剛進入大聯盟的新人的表現。為什麼呢？因為他們要是急於成名，或是想用打擊率得到肯定，每一球都想揮棒，那麼，在碰上世界頂尖投手的時候，這反而會變成他們的罩門，而不是助力。因為在吸引數百萬名觀眾的目光、賺進數百萬美元的年薪之後，他們必須學習的其實是等待——他們必須懂得什麼時候**不**該揮棒，懂得等候最佳時機。

他們必須體悟的是等待的力量，精準的力量，空的力量——這也正是全壘打王王貞治深知的道理。為了讓他掌握個中精髓，他的禪師兼教練荒川博還為他設計了一連串複雜的打擊練習。真正偉大的打擊手絕不能只懂**揮棒**，還要下盤穩、手敏捷，更重要的是，他們必須領會**無為**的力量。這，才是職業選手必須具備的修為。

無為是忍住不揮棒的能力，是等待好球的能力。懂得無為的打擊手猶如冥想中的瑜伽行者，**身**是靜的，心和靈卻無比活躍。這樣的球員也像古巴危機中的甘迺迪：旁人以為他做得不夠（竟然沒有迅速殲滅敵人！），實際上他是在爭取時間和空間，讓自己有餘裕思考，也讓俄國人有餘裕思考。老虎伍茲則是血淋淋的反面例子：不懂無為不但讓他表現下滑，更讓他耽溺情慾。

用約翰．凱吉的話來說，無為就是他為〈4'33"〉寫的演奏指示——「嚴謹的動作」。

橫衝直撞絕對闖不出迷宮。你必須停下來思考，動作必須放慢，觀察必須仔細，謹慎保存精力，否則一定不辨東西南北，只能徒呼負負。人生遇上問題時也是如此。

我們的文化執迷綠燈，時常忘記羅傑斯先生的提醒：黃燈和紅燈也很重要。放慢速度。**停下來**。近來有研究發現：我們寧願電擊自己，也不願忍受短短幾分鐘的無聊。這樣看來，人類會做出這麼多的蠢事，有什麼好奇怪的嗎？

喜劇演員瓊・瑞佛斯（Joan Rivers）有段訪問值得我們心生警惕。接受訪問時她已七十多歲，不但成就非凡、廣獲推崇，也已家喻戶曉。她被問到為什麼一直這麼忙碌，為什麼一直在找更多演出機會？為了強調驅使她這樣做的恐懼，她拿起一份空白月曆，說：「要是我的行事曆變成這樣，那就代表我沒有人要了，代表我這輩子做的一切都白費了。沒有人想到我，我完全被遺忘了。」

這不但一語道破永不知足是什麼感覺，也提醒我們：人做得最好、效果也最長久的工作，一定是放慢速度時做的，一定是按捺住揮棒的衝動、等待好球時做的。

才**幾天**沒做事就覺得自己一無是處的人，不但剝奪了自己沉靜下來的機會，也剝奪了自己因為沉靜而表現得更好的機會。

讓心靈靜下來並不容易，讓身體靜下來更不簡單。所以你必須懂得說不，必須知道什麼時候**不**上臺。

如果費邊抗拒不了建立戰功的誘惑，或許就化解不了漢尼拔的攻勢，整部歷史可能都要改寫。長跑選手必須忍住不衝刺。財務管理人必須耐心熬過熊市。要是他們在專業上不諳無為之道，就不可能成功。如果你在**人生**裡做不到無為，就別再奢望成功吧，因為你會累垮自己的身體，而你不可能得到另一個身體！

對於那些甘做行事曆的奴隸的人、同時進行十個計畫的人、每天行色匆匆有如逃難的人，我們應該引以為戒，甚至抱以同情。他們有的不是沉靜，而是奴性。

每一個人都該懂得說不，學習拒絕。「抱歉，我沒空」、「聽起來很棒，但還是不了，抱歉」、「我還是再看看好了」、「我沒興趣」、「我用我現在這個就好，那個新玩意兒我不需要」、「不行，因為我要是答應你，就很難拒絕其他人」。

在明明行有餘力、只是興趣缺缺的時候，對別人說「抱歉，我沒辦法」，會讓你心裡過意不去嗎？或許你應該再仔細想想：我真的有辦法多攬一件事嗎？我真的有多餘的時間精力可以投入嗎？要是我一直繃得這麼緊，會不會傷害到其他人呢？

飛行員經常必須拒絕邀約，他們必須把「抱歉，我得待命」掛在嘴邊。醫生、警察和消防員也一樣，「我得待命」可以幫他們擋掉很多外務。其實我們何嘗不是如此？我們不也該為自己的人生隨時待命？我們不也該為某件事（或某個人）保存精力，以便隨時全力以赴？我們的身體不也該為我們的家人、我們的進步、我們的工作待命？

答應別人的請求或邀約時，你付出的其實是什麼呢？請一定要問自己這個問題，因為答案常常是「一部分的人生」，而換來的往往是你根本沒興趣的東西。切記：時間的本質就是如此，時間是你的生命，是你的血肉，是你永遠拿不回的東西。

所以，不論遇到什麼事，請務必自問：

情況是什麼？

很重要嗎？

我需要做嗎？

我想做嗎？

隱而未顯的代價是什麼？

有朝一日回過頭看，我會為自己曾參與其中而欣慰嗎？

如果我根本不知道有這件事——例如信箱漏信，或是他們沒機會問我——我會發現自己錯過它了嗎？

知道該對哪些事說不，才能對真正重要的事說是。

出門走走

只有在散步中獲得的想法才有價值。

——尼采（Friedrich Nietzsche）

哥本哈根人幾乎每個下午都看得到一幅奇景：祁克果（Søren Kierkegaard）上街散步。這位性格陰沉的哲學家總是每天上午用立式書桌寫作，中午時分走入這座城市熙熙攘攘的大街。

他總是走在「人行道」這種新玩意兒上頭，那是政府近來蓋給時髦的市民散步用的。他會穿過公園，沿著亞希斯登墓園（Assistens Cemetery）走上一段（他以後也將長眠於此），偶爾還會走出城外，去郊區逛逛。他似乎不愛直行，總是轉過來彎過去，時不時橫過街道，盡可能走在陰影底下。等到他累了、解開苦苦思索的問題了，或是冒出不錯的想法了，他就打道回府，繼續振筆疾書到一天結束。

哥本哈根人對祁克果上街散步頗感詫異，因為他似乎十分緊繃敏感（至少從他的作品看來是如此），應該不愛外出才對。他們錯了。其實，散步正是祁克果解悶和釋放壓力的方式，畢竟做哲學的人總有困心衡慮的時候。

祁克果的嫂嫂長年臥床，也因此變得鬱鬱寡歡。在一八四七年一封文字優美的信裡，祁克果與她分享散步的益處：「最重要的是，千萬別失了散步的興致。我每天都用散步保持健康，也用散步驅趕病痛。我最好的想法都是走出來的，在我看來，沒有什麼鬱悶不能靠散步趕走。」

祁克果相信久坐是疾病的溫床，而走路這個**活動**，對他來說幾乎是神聖的。他認為走路能淨化靈魂，釐清思緒，有助於他進行哲學探索。他總愛說人生如路，我們必須走出來。

雖然祁克果特別喜歡在作品中談到散步，但他不是唯一一個熱愛散步的哲學家，更不是唯一受益於散步的人。尼采講過，《查拉圖斯特拉如是說》（*Thus Spoke Zarathustra*）裡的想法是他在一次漫長的散步中得到的。旋轉磁場——人類史上最重要的科學發現之一——是特斯拉（Nikola Tesla）一八八二年在布達佩斯一座公園裡散步時想到的。海明威（Ernest Hemingway）在巴黎生活的時候，每次遇上寫作瓶頸，覺得自己需要好好整理思緒時，總會沿著河畔走上好一陣子。達爾文（Charles Darwin）固定每天散步多次，賈伯斯（Steve Jobs）也是如此，心理學大師阿莫斯．特沃斯基（Amos Tversky）和丹尼爾．康納曼（Daniel Kahneman）也是一樣。康納曼還說過：「我這輩子最好的點子，都是跟阿莫斯悠閒散步時想出來的。」他相信是身體的活動讓他的大腦動了起來。

金恩博士就讀克洛澤神學院（Crozer Theological Seminary）的時候，每天都會去學校的樹林裡散步一小時，「與大自然交流」。惠特曼和格蘭特經常在散步時遇到，他們都認為散步有助於滌淨心思，能幫助他們思考。惠特曼在〈自我之歌〉（Song of Myself）裡寫的，或許就是這樣的經驗：

> 你可知沉思之樂？
> 發自那自由、孤獨的心，那柔軟、沉鬱的心？
> 你可知獨自散步之樂？雖有千斤壓頂，心仍傲然不屈之樂？
> 縱有禍患加身，依舊奮發不懈之樂？

佛洛伊德每天吃完晚餐，總會在維也納環城大道（Ringstrasse）上疾走。作曲家馬勒（Gustav Mahler）每天要走四個鐘頭，利用這段時間構思和記下自己的想法。貝多芬（Ludwig van Beethoven）也喜歡邊散步邊想事情，走路時總帶著文具和五線譜。桃樂絲．戴一生愛散步，她在一九二〇年代沿史坦頓島（Staten Island）海岸散步的時候，生平第一次強烈感受到天主，這份靈光從此引領她走上成聖之路。所以，耶穌也喜歡走路或許不是巧合（眾所周知，他為傳道四處奔波），交互把一隻腳挪到另一隻腳前面的愉悅和神聖感，他一定懂。

為什麼**走動**能讓人沉靜下來？沉靜不就該減少活動，而非增加活動嗎？沒錯，走路的時候我們的確在動，可是這種動不是躁動，甚至不是有意識的動，而是重複的、儀式性的動。它是深層的動，是靜中之動。

佛教有種修行方式叫「行禪」或「經行」，是長時間禪坐後的動，是在優美的環境裡的動。這種動所開啟的沉靜，與傳統禪修所開啟的沉靜不一樣。而不論是享受森林浴或大自然之美，都需要你離開屋子、辦公室或車子，用腳走進樹林。

好的散步的關鍵是覺察，亦即專注當下，向此時此地的經驗敞開自己。關掉手機，把困擾你的問題暫時擺到一邊，或是任由它們隨著你的腳步消融。把目光放到你的腳。它們在做什麼呢？看看它們動得多不費力。是你讓它們動的呢？還是它們自己動的？聆聽落葉在你腳下碎裂的聲音。感受地面傳來的反作用力。

吸氣。呼氣。想想幾百年來，誰曾與你一樣走過這裡？想想為你鋪好你腳下柏油路的人。他們後來怎麼樣了呢？他們現在在哪裡？他們相信什麼？又需要面對什麼問題？

要是你隱隱感到責任的催迫，或是想打開手機看看外面又發生了什麼事，試著把自己拉回腳下。要是這條路以前走過，馬上轉往你沒去過的街道或山丘。仔細感受它們的陌生與新奇，好好品味你尚未體驗的風景。

讓自己徜徉其中。讓自己不見蹤影。**放慢**。

這是每一個人都負擔得起的奢侈，再窮的人都能享受散步的樂趣，也許是在國家公園，也許只是在一座空的停車場。

這不是為了燃燒脂肪或提高心率，恰恰相反，這是無所為而為。這只是體現，體現當下，體現抽離，體現放空，體現留心和珍惜周遭世界的美。擱下你必須擱下的念頭，走向眼前油然而生的想法。

在好的散步中，心不是完全空白的——它不能完全空白，否則你會絆到樹根，或是被車子或腳踏車撞到。散步的目的跟傳統冥想不一樣，不是把**一切**所思所見趕出心外，反而是感受周遭的一切。這樣做的時候，心雖動亦靜。做對的時候，你會領悟這是一種不一樣的思考，更健康的思考。新墨西哥州高地大學（New Mexico Highlands University）研究發現：腳步傳來的力能增加腦部血液供應。史丹佛大學的研究顯示：在散步時和散步後，受試者在「創意式擴散思考」（creative divergent thinking）測驗中表現得更好。杜克大學（Duke University）的研究也證實祁克果告訴嫂嫂的心得：對某些重度憂鬱症患者來說，散步的療效同藥物一樣好。

詩人華茲華斯熱愛散步，一生走的路高達二十九萬公里——換算下來，他等於是從五歲開始就天天走將近十公里！他的作品多半是散步時構思出來的，通常是在英格蘭鄉村格拉斯米爾（Grasmere）的湖畔，或是離格拉斯米爾不遠的萊達爾湖（Rydal Water）。在長時間散步時，只要腦中閃現詩句，華茲華斯就一遍又一遍地朗誦，因為他恐怕要好幾個鐘頭之後才有機會寫下來。為華茲華斯作傳的人常常在想：究竟是湖光山色啟發了他的詩心，還是腳的走動觸發了他的靈感？我想答案沒那麼複雜，因為每一個曾在走路時靈光乍現的人都知道：景色和腳步的效果同等神奇。

在追求生命中的美與善的時候，不妨出門走走，漫無目的閒逛一下。想朝意識深處探索、讓心向上攀升的時候，不妨活動一下身體，促進血液流通。

壓力和難題常讓我們喘不過氣。我們坐在電腦前面，放任自己被資訊、電郵和一件又一件的瑣事淹沒。難道我們應該繼續坐著，勉強自己吞下這些雜訊，坐視身心狀況不斷惡化？當然不行。或者我們應該起身做點立竿見影的事，例如打掃、上廁所解放或尋釁？這樣還是不對。兩種做法都對我們沒有幫助。

我們該做的是走動走動。

祁克果講過一件事：有天早上他深受絕望和挫折困擾（用他的話來說：**老毛病犯了**），決定出門散心。走了一個半小時之後，他總算找回平靜，也幾乎回到家門。可是就在這個時候，他遇上一位健談的紳士，對方叨叨絮絮向他發了一肚子牢騷。人生難免有泥菩薩過河又逢連夜雨的時候。

沒關係。「我接下來只有一件事要做，」祁克果寫道，「不回家了，再走一輪。」

我們也該這樣。

走一走。

再走一走。

建立習慣

人之於禮義，則兩得之矣。

——荀子

每天清晨，弗雷德．羅傑斯總在五點起床，先在沉思和祈禱中靜靜度過一個鐘頭，再去匹茲堡運動中心（Pittsburgh Athletic Club）晨泳。進泳池之前，他會先量量體重（對他來說，把體重維持在六十五公斤很重要）。下水之後，他會在心裡默唱〈歡欣讚美主〉（Jubilate Deo）。羅傑斯有個朋友說，他游完泳後就像受了洗，神清氣爽，精神奕奕，準備好投入一天的工作。

進攝影棚後，他開始下一段儀式：錄製節目給小觀眾們看。年復一年，不論節目做了幾百集，風格依舊維持不變：主題曲響起，黃燈亮起，鏡頭帶向前門，羅傑斯先生唱歌進門，走下樓梯，脫下外套，把外套整整齊齊掛進衣櫥，穿上他的招牌羊毛衫（他的媽媽做給他的），拉上拉鍊，脫下皮鞋，換上一雙舒適的休閒鞋。這一整套儀式結束之後，他才開始說話，教導他在世界上最喜歡的一群人——孩子們。

也許有些人覺得這樣很乏味。不過，羅傑斯奉行的規律不只到錄完節目為止。導演喊「卡」之後，他會依慣例睡個午覺，依慣例與家人共進晚餐，依慣例在九點半上床睡覺。日復一日，年復一年，他維持同樣的體重，吃同樣的食物，錄同樣的片頭，過同樣的日子。你覺得這樣很無聊嗎？事實上，好習慣不但能讓你的生活舒適而穩定，也能讓工作變得有趣刺激，為你帶來充分的滿足感。

當你真誠地維持某個習慣夠久，它就不只是習慣，而成了**儀式**，變得具有神聖性。

如果你對羅傑斯先生不感興趣，或許可以看看羅素．衛斯特布魯克（Russell Westbrook）的例子。這位籃球巨星多次擔綱全明星賽控球後衛，每次比賽之前，他都會按部就班完成一套**整整**三個小時的儀式。先是暖身，開賽前一小時去運動場的小教堂祈禱，然後吃一塊花生果醬三明治（一定要烤過、抹奶油的全麥吐司配草莓醬和吉比花生醬，對角切）。比賽開始前六分十七秒，他會和隊友一起做最後一次暖身操。他在主場比賽時一定要穿某一雙鞋，練習時穿另一雙，客場比賽時又穿另外一雙。從中學開始，他每次罰球也有一套慣例：投球，退回三分線，再上前投另一球。他在練習場有固定停車位，而且他特別喜歡在第三練習場練習。他每天都在同一個時間打電話給父母。多年如一日。

運動界有很多像衛斯特布魯克這樣的故事。主角往往是曲棍球隊的守門員、棒球隊的投手，或是橄欖球隊的四分衛和開球員——總之，都是這些比賽的靈魂人物。嚴格遵行慣例的選手常常被當成怪人，他們的慣例也常被譏為迷信。一般人之所以覺得他們這樣做很奇怪，是因為對我們來說，他們其實已經算是自己的老闆了，而且又那麼有天分，何苦要被自己定下的規則所奴役呢？所謂的「偉大」，不就是不受雞毛蒜皮的規則束縛？不就是想做什麼就做什麼？

啊，可是偉大的人都知道：完全的自由是夢魘。他們知道規則是出類拔萃的先決條件，在變幻莫測的世界裡，好習慣是確定性的避風港。

艾森豪將自由界定為自律的機會。事實上，自律是自由、權力和成功的**必要條件**，因為缺乏自律的人很容易自鳴得意，言行失措。所以，想保有這份自由，就必須維持自律。

自律也是把工作做好的不二法門。村上春樹既是作家，也是長跑健將，他解釋過自己為什麼每天保持同樣的規律：「重複本身就是一件很重要的事，它像是某種催眠。我用這種方式催眠自己，讓自己進入更深層的心理狀態。」

當心思淨空，身體步上軌道，我們能表現得最好。

習慣可以是作息時間。Twitter創辦人及執行長傑克・多西（Jack Dorsey）每天五點起床，從不睡過頭。前海豹部隊軍官喬可・威林克（Jocko Willink）每天四點半起床，接著立刻給手錶拍照上傳，證明自己確實做到。維多利亞女王每天八點起床，十點吃早餐，十一點到十一點半接見閣員。詩人約翰・彌爾頓（John Milton）每天四點起床讀書和思索，這樣到七點的時候，他便已準備好「沉浸」於寫作。

習慣也可以是建立規矩。孔子堅持「席不正不坐」。棒球教練吉姆・施洛斯納格爾（Jim Schlossnagle）在接手德州基督教大學隊（TCU）之後，則是要求球員隨時保持儲物櫃和座位整潔。德州基督教大學隊有很長一段時間戰績平平，可是在施洛斯納格爾帶領下脫胎換骨，四度打進學院世界系列賽（College World Series），此後一個球季也沒輸過。網球名將拉斐爾・納達爾（Rafael

Nadal）則是非常重視**秩序**，他每次都用同樣的順序喝水和修復飲品，喝完以後也一定把瓶子排得整整齊齊。

我們可以藉助工具、聲音或焚香培養習慣。里爾克在書桌上擺了兩種紙筆，一種用來寫作，另一種用來簽帳單、寫信和回覆其他較不重要的文件。佛教僧人晨鐘暮鼓，禪坐和進行儀式之前則燃香。

習慣也可能與宗教或信仰有關。孔子不論吃的東西多簡單，吃之前一定先祭。[15]希臘人做重大決定前必先求問德爾菲神諭，作戰之前必獻祭。猶太人數千年來謹守安息日，猶太復國主義奠基者艾哈德·哈阿姆（Abad Ha'am）甚至講過，猶太認同是靠守安息日維繫住的。

誠心誠意在某個習慣上投入情感，重複夠多次之後，習慣就成了儀式。日復一日的規律和節奏，創造出深刻而有意義的經驗。對某些人來說，照料馬匹或許是煩人的例行公事，可是對拉丁美洲革命家西蒙·玻利瓦（Simón Bolívar）來說，照料馬匹是神聖的，是他一天中最重要的事。在身體忙於熟悉無比的事時，心能得到放鬆。千篇一律的動作變成肌肉記憶，不持續下去彷彿是錯誤的、危險的，彷彿是自尋失敗。

有的人對這類行為嗤之以鼻，覺得那是「迷信」，但這樣想就錯了。拉斐爾．納達爾說得好：「如果是迷信，我為什麼不論是贏是輸都這樣做呢？把環境安頓成我心目中的樣子，能幫助我安住於比賽。」同樣地，我們不妨重新思考希臘人求問德爾菲神諭的意義：他們是真的相信神明會點破天機嗎？或者重點其實是求問的過程，是登上帕納索斯山（Mount Parnassus）時得到的平靜？

社會學家發現：與不須仰賴運氣的活動比起來（例如在潟湖裡撈魚），海島部落更傾向為需要運氣的活動創造儀式（例如在大海裡捕魚）。但事實上，運氣因素無所不在，能不能成事或多或少會受運氣影響。

儀式的目的並不是請神明站在我們這邊（雖然與神明同一陣線有益無害），而是在對手得到好運庇佑時，讓我們自己的身心安頓下來。

大多數人每天需要做無數個選擇：**該怎麼穿？要吃什麼？該先做哪一件事？接著該處理哪一件事？我該做哪一種工作？該繼續跟著別人觀望，還是當機立斷盡快解決問題？**大大小小的選擇一個接著一個，令人應接不暇，難以招架。

15 《論語》〈鄉黨〉：「雖疏食菜羹，瓜祭，必齊如也。」

當相互矛盾的衝動、誘因、偏好和外在干擾彼此競逐，精力當然分散，生活當然疲憊不堪。這樣過活不可能靜得下來，也很難讓你表現出最好的一面。

心理學家威廉．詹姆士（William James）說過：讓習慣成為你的盟友，而非與你為敵。建立有條不紊、符合道德又有益沉靜的終身習慣，不啻於在混亂的世界中為自己築起屏障，讓自己在真正重要的事情上完美展現實力。

我們必須盡可能把有益的行為變成習慣，讓自己不假思索自動為之。這樣的習慣愈多愈好，愈早養成也愈好。在此同時，我們也要嚴防可能有害的習慣，像防堵瘟疫一樣保持高度警戒。把日常生活的愈多細節交給不必費力的習慣，我們就能空出愈多高階思考能力，把這些能力用在更適當的地方。人之可悲莫過於沒有養成任何習慣，什麼事都猶豫不決，每次點菸、每次喝水、每次起床、每次就寢、每次開始任何一件工作，都需要再花心思重新考慮。

如果我們不但把日常生活的瑣碎決定規律化，也把有益而合乎道德的選擇變成習慣，我們一定能有更多心力進行重要而有意義的探索。習慣為我們騰出保持平和與定於沉靜的空間，讓好的成果和好的想法**唾手可得**。

想實現這個可能，你必須付諸行動。整理你的住處，規劃你的生活。排除打斷你行動的猶豫，刪減你必須做的選擇。

如果能做得到，你就沒那麼容易被情緒和干擾左右，因為它們已經被你的習慣擋在外頭。

如果你想找個榜樣，不妨看看日本的花道家，他們專注又沉穩，俐落且脫俗，靜若處子，有條不紊。花道家不會在吵吵鬧鬧的咖啡廳裡練習，不會凌晨三點睡眼惺忪趕工，因為他們早已做好妥善計畫。他們不會臨時起意掏出除毛機來刮，也不會穿著內衣接起老朋友的電話，因為對真正的大師來說，這樣太隨便、也太散漫了。

真正的大師一絲不苟，真正的大師統攝全局，真正的大師將凡常化為神聖。

我們也該如此。

斷捨離

財富帶來的是貧乏與恐懼，
只有曾經擁有又瀟灑放手，才是了無牽掛的擁有。
——里爾克

愛比克泰德自幼為奴，成年後才獲得自由，總算來得及享受幸福人生（至少是斯多噶版的幸福人生）。他廣受敬重，桃李滿門，連皇帝都來聽他講課。有一次，他用辛苦賺來的錢買了一盞要價不菲的鐵燈，每天在家裡的小神壇點著。一天晚上，他聽見前門走廊有動靜，趕忙起身察看，才發現那盞燈被小偷偷了。他像每一個對自身物品心存依戀的人一樣，心裡既震驚又失落，更有一種遭到侵犯的感覺——這人竟然侵門踏戶，偷走屬於他的東西！

但他隨即想起自己給別人的教導，醒悟了過來。

「明天，我的朋友，」他對自己說，「去買一盞陶燈。一個人只能失去自己擁有的東西。」此後，這盞便宜的陶燈陪了他一輩子。他過世之後，有個崇拜他的人花了三千德拉克馬（drachmas）[16]買下這盞陶燈，完全忽略他的重點——別執著身外之物。

對於執著財物，塞內卡講過很生動的比喻：奴隸主成了奴隸的奴隸，有錢人不是支配資產，而是被資產支配（我們現在也有類似現象，「房奴」就是如此）。蒙田（Montaigne）是個敏銳的人，他曾經自問：究竟貓是他的寵物，還是他是貓的寵物？東方文化也有類似的觀察，荀子說：

> 君子役物，小人役於物。

簡言之，如果我們甘願受制於自己在物質世界擁有的東西，遲早也會賠上

16 一德拉克馬約是一天工資。

心理和心靈的獨立。

犬儒派（Cynics）將這個觀念推向極致。據說第歐根尼（Diogenes）住在木桶裡，幾乎赤身露體上大街。有一次他看到小孩子用手舀水喝，剎時發現連杯子都是多餘的，就砸了自己的杯子。

用今天的眼光來看，第歐根尼簡直是魯蛇或乞丐（或瘋子），從某個意義上說，他也的確是這樣的人。可是，在當時權勢蓋天的亞歷山大大帝來見他的時候，更令路人折服的卻是第歐根尼。因為不論亞歷山大怎麼威脅利誘，第歐根尼都不為所動，他不想要任何賞賜，也不怕被剝奪任何東西——他早就自願拋下那些身外之物了。

詩人尤維納利斯（Juvenal）開玩笑說：斯多噶與犬儒只有一衫之隔。意思是說斯多噶還懂得上街要穿衣服（而且知道在公共場合要克制生理需求），跟犬儒不一樣。這是挺合理的妥協。我們不必拋下**一切**，但我們應該不斷追問自己擁有什麼、為什麼要擁有，還有自己可不可以沒有它們。

你看過拆房子嗎？一輩子省吃儉用，花上數不清的時間整修和裝潢，好不容易讓它變成自己心目中的樣子，在裡頭度過無數時光——結果不到一個上午，它們就成了斷壁殘垣。即使是積聚一生的億萬富豪和名門望族，人去樓空後也只剩下一堆垃圾而已。

然而，我們多少人還是用盡心思購買和蒐集物品，彷彿擁有愈多，就愈能證明自己的價值？我們被擁有的東西綁住，像囤積狂一樣被自己的雜物困住。每一件昂貴的珠寶都需要保險，每一幢豪宅都需要僱人打理，每一筆投資都伴隨著義務和月結單，每一個珍稀的寵物或盆栽都有相應的責任。可是，費茲傑羅（F. Scott Fitzgerald）不是說有錢人跟我們不一樣嗎？在他的小說裡，有錢人似乎都過得自由、愜意、無憂無慮。

他不完全是對的。

錢愈多，煩惱愈多；東西愈多，自由愈少。我們不如聽聽約翰．博伊德（John Boyd）的看法。博伊德的生命情調有如武僧，對西方國家二十世紀後期的戰術變革貢獻很大。

不過，雖然總統和高階將領都來向他求教，他卻始終拒絕國防工業商的鉅額報酬，選擇住在小公寓裡。「把需求降到零的人，」他說，「是真正自由的人。這樣的人沒有東西能被奪走，別人也沒有任何辦法能傷害他。」我們還可以補上一句：「這樣的人是真正沉靜的人。」

被債主追著跑的人不可能自由，奢侈揮霍而不量入為出一點也不有趣——看邱吉爾就知道。光鮮亮麗的表面下，經常是**心力交瘁**。

這樣的人生不但疲累，也很危險。患得患失、以擁有之物肯定自己的人，其實是在給敵人傷害你的機會。這樣的人是讓自己在命運面前更加脆弱。

在劇作家田納西．威廉斯（Tennessee Williams）看來，奢侈有如「在門口環伺的狼」。他認為財產本身不是問題，問題是依賴。他說依賴是成功的大敵，讓我們愈來愈沒辦法靠自己完成一件事，愈來愈不能缺少某種程度的服務。換個方式說，東西太多不只是房間大亂而已，你還需要付錢僱人清理。

我們可以稱這種沉淪為「舒適蠕變」（comfort creep），亦即太習慣於某種程度的便利和奢侈，以致幾乎無法想像先前沒有它們是怎麼過日子的。財富愈多，我們對「正常」的標準也愈高，卻忘了不過短短幾年以前，沒有這筆津貼也過得很好。以前覺得吃泡麵無所謂，房子小一點也沒關係，可是賺了更多之後，我們的心就開始向自己扯謊：**你需要這個。少了它你就糟了。好好守著它。千萬別分給別人。**

這種想法有害身心，讓你寢食難安。

正因如此，哲學家們總諄諄告誡要降低需求，減少所有。神職人員發願安貧，因為安貧讓他們更不容易分心，也讓他們有更多空間投入自己矢願獻身的心靈追求（這裡的「空間」既是抽象的，也包含實質上的意思）。我們雖然不必像出家人一樣清貧，但還是應該切記：擁有愈多，需要花的心力就愈多，活動空間則愈少。而弔詭的是，活動空間愈少，就愈不容易沉靜。

就從清理房間開始吧。在屋子裡到處巡一巡，把你用不上的東西扔進垃圾袋，把這想像成為你的心和身挪出空間。讓你可以伸展，讓你的心得到休息。

討厭自己玩物喪志嗎？希望自己更不容易被引誘或激怒嗎？多扔一點吧。

最好的車不是吸引最多目光的，而是最不需要你操心的。最好的衣服不是最舒適的，而是最不需要你花時間精挑細選的（忘了穿搭雜誌吧）。最好的房子是讓你感覺最像**家**的，別拿錢買寂寞、頭痛或地位焦慮。

你祖母給你那個胸針，不是為了讓你成天擔心弄丟。畫家嘔心瀝血畫了你掛在牆上的那幅畫，不是為了讓你掛慮哪天會有不長眼的客人毀了它。那年夏天在安圭拉（Anguilla）的美好回憶，其實不在你買的那個雕刻紀念品裡。你和另一半之間的愛，也沒被關在你們的婚紗照上。重要的是回憶，是體驗本身。沒有小偷有辦法偷走回憶，你什麼時候想重溫都可以。

你也許聽人講過他們沒有經營關係的空間……他們說的其實是實話。他們的空間都被東西占走了。他們愛的是物，而不是人。

為了買更大的房子，夫妻兩人每天加班到深夜，沒時間好好相處，房子大多數時候空無一人，這是你要的嗎？名聞遐邇，聲譽崇隆，跟孩子之間卻彼此陌生，這是你嚮往的嗎？本來據稱能讓生活更加便利的「科技」，卻複雜得讓你丈二金剛摸不著頭腦，而且動不動就出問題，你真的還想擁有嗎？有些東西是不是雖然很炫，卻相當脆弱，而且需要你不斷清潔、拋光、保養，只為了能在聊天時炫耀幾句？

這樣的人生並不豐富，這樣的人生毫無平靜可言。

行動吧。掙脫物品的束縛，拋掉它們，把不需要的東西送出去。

你生而自由，身無長物來到世上，沒有東西牽絆，肩上也沒有重擔。可是，從他們第一次為你小小的身軀量製衣物開始，你就被迫擁有東西。從此以後，你開始作繭自縛，為自己套上愈來愈多鎖鍊。

尋求獨處

這擁擠的世界以為孤獨等於寂寞，把追求孤獨當作是病。

——約翰．葛瑞夫斯（John Graves）

達文西常在筆記本上給自己寫些小寓言。其中一個是一塊大石頭的故事：這塊石頭本來在一座清幽的洞穴裡，四周鮮花圍繞，往下可以俯視一條熱鬧的鄉間小路。儘管日子過得平靜安穩，這塊石頭卻愈來愈浮躁。它自問：「我跟這些花草待在一起做什麼呢？我應該跟我的石頭同伴在一起。」

禁不住鬱悶和寂寞，這塊石頭努力把自己滾到山下，因為那裡到處都是石頭。可是環境變了，改變卻不如預期。它每天吃灰塵、被人踩、被馬踏、被車壓，泥巴和糞便沾得一身都是，而且每天磕磕碰碰，遍體鱗傷。讓這些痛苦更形痛苦的是：它偶爾能看見它以前的家，想起往昔孤獨而平靜的日子。

達文西顯然覺得光寫寓言還不夠，應該把寓意一起點出來。「自食惡果，」他對自己、也對每一個人寫道，「離開孤獨的沉思生活，選擇在城市裡與作惡多端的人為伍的，終將自食惡果。」

當然，為達文西寫過傳的人會馬上指出：他自己也沒有從這個寓言得到教訓。達文西大部分的人生是在佛羅倫斯、米蘭、羅馬等大城度過的。他不是在忙碌的畫室裡作畫，就是去參加各種典禮和宴會。他連人生的最後歲月都沒有退休靜養，而是在法王法蘭西斯一世（Francis I）的宮殿裡與人應酬。

他的工作讓他不得不如此，我們很多人也是一樣。

不過，這反而更顯出獨處時刻的珍貴。奧根・海瑞格說，佛教徒尋求孤獨的方式「不是往遠處找安靜的地方，而是從自己身上求，讓孤獨遍布己身之所在，他們喜愛這樣的感覺」。

達文西畫《最後晚餐》（*The Last Supper*）的時候，總是黎明即起，在助手和旁觀者都還沒到修道院前先一步抵達。這樣他才能獨處，靜默，好好構思眼前這個龐大的創作挑戰。他還有另一個脾性：他經常筆記本一拿就逕自離開畫室，一個人走上好長一段路，沿途只是看，仔細觀察周遭的一切。他尤其喜歡去叔叔的農場逛逛，尋求靈感，也尋求獨處。

在擠滿了人的房間裡思考很難清晰。如果你從來沒有獨處過，你很難了解自己。如果你的人生夜夜笙歌，或是你家附近正在施工，你恐怕很難好好思考，也不容易產生洞見。

有時你必須斬斷連結，才能與自己和你所照料、關愛的人連結得更好。

「如果有人問我：高階領導在資訊時代面臨的最大挑戰是什麼？」海軍陸戰隊四星上將、前國防部部長詹姆斯．馬蒂斯（James Mattis）講過：「我會說是缺乏思考。在別人急著反應的時候，獨處能讓你停下來思考。在問題出現的時候，我們需要獨處，仔細反芻可能的決策選項，而非急著反應。」

人之所以缺少寧靜，是因為獨處不夠；而大家之所以獨處不夠，是因為大家既不追求也不培養寧靜。這種惡性循環阻礙了沉靜，也阻礙了思考，因此也阻礙了好的點子，因為好的點子幾乎都是在獨處時冒出來的。

你有沒有發現，洗澡或健行時突破瓶頸的頻率似乎高得出奇？相較之下，是不是有些行為很少帶來靈感？例如去震耳欲聾的夜店狂歡，或瘋狂追劇三個鐘頭？每天從早到晚忙著開會的人，不太可能發現自己對另一個人的愛多深。

正如史家愛德華．吉朋（Edward Gibbon）所說：如果獨處是天才的學校，熙攘便是蠢才的煉獄。

一大清早，當你已起床，而家人還在熟睡，電話還沒響起，電腦還沒打開，是不是更能感受到沉靜呢？當你的個人空間得到尊重，四周一片靜謐，是不是更容易看出此刻的意義？獨處的時候，時間慢了下來，雖然我們一開始可能很不適應，但熟悉這種感覺之後，要是在忙碌的生活和工作中找不出這樣的時刻，我們一定坐立不安，即使沒有坐立不安，也一定深感失落。

獨處不是隱士的專利，身心健康的一般人也能從中得益。不過，從以獨處為志的人身上，我們的確可以學到一些經驗。

一九四一年，當時二十六歲的多瑪斯．牟敦（Thomas Merton）向肯塔基（Kentucky）巴茲鎮（Bardstown）的革責瑪尼修院（Abbey of Gethsemani）報到，踏上他的第一段靜修旅程。往後二十七年，他陸續以各種形式走上靜修之路。他這樣選擇絕不是因為好逸惡勞，而是為了積極探索自己、探索宗教、探索人性，後來更進一步指向解決戰爭、不平等、不公義等嚴肅的社會問題。在他優美的日記裡，我們見到他對人類經驗的洞見。要是他當年選擇進入報社或是攻讀學位，恐怕難以產生這些體悟。

他後來說靜修是他的「聖召」。他是這樣寫的：

> 早上祈禱和工作，下午勞動和休息，當夜晚覆蓋大地，當寂靜以黑暗和星光填滿自己，我們再一次在默想中陷入沉靜。這是真實而特別的聖召。很少有人願意完全獻身這樣的寂靜，讓這寂靜滲入骨髓，只呼吸寂靜，只吃下寂靜，將生命最核心的本質轉化成生動而警醒的寂靜。

不過，一般人可能很難師法牟敦的修道生活，微軟（Microsoft）創辦人兼慈善家比爾．蓋茲（Bill Gates）的做法就比較容易仿效。多年以來，蓋茲每年兩次進行他所謂的「思考週」計畫：一次七天，自己一個人待在森林裡的小木屋裡。透過為身體隔絕工作上的日常干擾，他能真正靜下來思考。

在那裡的他也許孤獨，但並不寂寞。他會一次靜靜閱讀好幾個鐘頭，有時多達上百篇論文，有些是印好的，有些在面對湖面的電腦螢幕上。他也讀書，書房裡還掛了法國文豪雨果（Victor Hugo）的畫像。他給企業各個部門的人寫長篇備忘。少數幾分鐘休息時間，他會打打橋牌，或是去外頭散散步。在小屋中這些獨處的日子裡，蓋茲體現了中世紀教士多默・耿稗思（Thomas à Kempis）說的：In omnibus requiem quaesivi, et nusquam inveni nisi in angulo cum libro——「我遍尋寧靜，無處可得，唯與書相伴於角落時見之。」

千萬別把這當成度假，長時間閱讀加上偶爾徹夜不眠，其實十分辛苦。這是一場搏鬥，與複雜的問題鬥智，與相斥的看法對話，與挑戰自身信念的觀念較勁。但辛苦歸辛苦，蓋茲總是能在思考週裡重新恢復精力，再次專注。這個過程讓他看得更遠，讓他知道哪些問題該優先處理，又該派誰去完成。他把森林裡的寧靜帶回複雜的世界，以重新沉靜下來的心扮演好企業家和慈善家的角色。

這是我們每一個人都需要的過程，我們都需要從身體上把自己帶出日常生活，好讓自己能進行蓋茲這樣的深度工作。用吳爾芙的話來說，我們都應該給身體「自己的房間」，讓自己能靜下來思考和獨處，即使只有短短幾個鐘頭也好。佛陀求道時也是一樣，他必須告別俗世，離群索居，自己獨處。

你不覺得你也能從獨處中受益嗎？

的確，我們很難撥得出時間，遠離喧囂也不容易（而且可能所費不貲）。

我們有責任要盡。可是，暫時離開能讓責任盡得更好，因為獨處能讓我們以耐心、理解、感恩和洞見的形式帶回沉靜。

在達文西的寓言裡，石頭滾向馬路，拋下與花草為伴的平靜獨處時光，但為此後悔不已。牟敦其實也有這樣的時刻，只不過他質疑的是自己選擇完全孤獨的決定。他有時會想：身為世界的一分子，我是不是能做得更多呢？如果我離開靜修生活，是不是能發揮更大的影響力？

的確，有意願也有能力終生獨處的人很少，事實上，我們也不該這樣做（舞蹈家崔拉．夏普說，「**沒有**目的的獨處」是謀殺創意）。即使是牟敦，他的修會長上也特准他以通信和寫作的方式與外界交流。他後來也開始外出，與更多人分享體悟。他的心得實在太重要了，重要到不能關在肯塔基森林旁的小磚屋裡。

牟敦後來漸漸發現：在森林裡獨處這麼長一段時間之後，他已經內化了孤獨，隨時隨地都能進入獨處狀態。忙碌但有智慧的人也都知道：孤獨和沉靜近在眼前，只要去找，就一定找得到——上臺演講之前的短短幾分鐘；開會之前坐在旅館房間的時刻；家人們還沒起床的清晨；全世界都已入睡的深夜。

牢牢抓住這些時刻，好好安排，努力尋找它們。

調劑生活

馬是給工作累死的，大家都該記住這點。

——索忍尼辛

跟大多數皇室夫妻相比，維多利亞女王和王夫亞伯特親王（Prince Consort Albert of Saxe-Coburg）算是異數。他們真的彼此相愛，也真的勤於國事，認真看待國家元首之責。這些都是優點。

但也有人說，任何優點發揮過頭，都會變成缺點——包括認真工作在內。拿維多利亞女王和亞伯特親王來說，他們既是夫妻，又須掌理國政，幾乎不可能在工作和生活之間取得平衡。於是，他們的自律和敬業反倒成了致命的詛咒。

亞伯特原是巴伐利亞薩克森—科堡與哥達邦聯（Saxe-Coburg and Gotha）的

王子，來到英國與維多利亞成婚之後，便展露了他的勤奮個性。他帶來治國必備的秩序與規律，化繁為簡提升效率，也主動分擔原本由維多利亞一肩扛起的責任。事實上，很多後世視為具有「維多利亞時代風格」的特質，都源自於他。他自律、保守、嚴格又有抱負。

在他的敦促之下，他們夫妻的行程排滿一個又一個的會議、調遣和社交活動。亞伯特幾乎沒有停下來的時候，有時還壓力大到嘔吐。他從不推辭，也不放過任何機會。只要是他妻子願意分給他的責任，他都一概接下；凡是王室在當時的大英帝國所能發揮的非正式影響力，他們一定牢牢把握。他們夫婦都是工作狂，也以此為傲。

亞伯特曾寫信告訴一名顧問，他每天會花好幾個小時看德文、法文和英文報紙，因為「只要不漏掉任何線索，就能釐清前因後果，不做出錯誤結論」。他考慮得對，決策錯誤代價高昂，為政者必須審慎以待。舉例來說，若不是他對地緣政治了解深刻，英國恐怕會捲入美國內戰。

問題是，亞伯特不但緊盯大事，對沒那麼重要的計畫也同樣全力以赴。舉例來說，為了舉辦為期將近六個月的一八五一年世界博覽會（Great Exhibition），向世界展現大英帝國輝煌國威，亞伯特花了好幾年的時間細心籌辦。開展前幾天，他寫信給他的繼母，說：「我被過量工作壓得生不如死。」這場博覽會的確辦得精采，令人難忘，可是他賠上了健康。

亞伯特其實跟邱吉爾很像，只是他們夫婦工作起來更不知節制，也更不懂得調劑。亞伯特曾說：「人生對我來說像是踏車，而我在上面拚命踩。」以他和維多利亞操勞而機械的生活而言，這個比喻非常貼切。從一八四〇年開始，維多利亞十七年之間生了九個孩子，而且其中有四個是一年一年接著生。在那個女性依然經常因為難產而死的時代（而且到她第八次懷孕才有氯仿麻醉），身高僅僅一百五十公分的維多利亞這樣不斷生產，負擔之重可想而知。雖然她不必在家務上分神，但光是承擔一國之君的重任，已是身體的一大考驗。她去世之後，旁人才發現她有子宮脫垂和疝氣的問題，這想必讓她長期飽受疼痛之苦。

雖然多生孩子沒什麼不對（皇室尤其需要有人繼位），但他們似乎從沒想過這可能對健康造成傷害。「人是職責的動物，」亞伯特曾寫信對哥哥說，「只有拖著重擔才快樂，只有自由意志有限時才快樂。我每一天的經驗都告訴我，一定要愈來愈懂這個真理。」於是，他和維多利亞的生活少有享受、少有放鬆，也少有自由。他們接下一個又一個責任，而且以自我要求的驚人速度不斷完成。

好在他們的確鶼鰈情深，婚姻始終沒出問題。不過，維多利亞還是有注意到工作過量對亞伯特的不良影響，她說他「過度熱愛工作」，有時忽略了他們兩個人的關係，她也發現亞伯特的健康在走下坡。他的腦子總是不停地轉，讓他夜不成眠。他經常胃痛，皺紋也愈來愈多。

可是，亞伯特完全不理這些警訊，而且對工作愈來愈投入。接下來幾年，他繼續咬牙苦撐，勉強身體配合工作步調。可是到一八六一年，他的身體終於不再聽命。他變得疲乏無力，精神渙散。十二月十四日晚間十點五十分，他嚥下了最後一口氣。病因？克隆氏症（Crohn's disease），而高度壓力是病情一發不可收拾的主因。他名符其實地鞠躬盡瘁，死而後已。

即使是科學昌明的今日，醫學還是難以挽回這種悲劇。日本有個專有名詞叫「過勞死」，意思就是工作過量而死。韓國也有同樣的詞彙：「과로사」。

這真的是你想要的嗎？你真的想跟馱馬一樣，一生任勞任怨，直到倒下累死，而死的時候腳上仍釘著蹄鐵，肩上仍掛著挽具？這是你來到世上的目的嗎？

切記：菁英運動員的主要職業傷害不是絆倒或摔傷，也不是碰撞，而是過度使用。投手和四分衛常扔傷手臂，籃球員常跳傷膝蓋，而嚴苛的練習和高度壓力也常讓選手倦勤。有「飛魚」之稱的麥可．菲爾普斯（Michael Phelps）就是如此。他之所以提早結束游泳生涯，就是因為他已燃燒殆盡。儘管他不斷拿下金牌，可是他就是不想繼續比了。這不能怪他，畢竟他已付出一切，把加速零點幾秒看得比自己的身心健康還重要。

同樣是運動健將，埃利烏德．基普喬蓋（Eliud Kipchoge）做了另一種選擇。雖然他可能是有史以來最偉大的長跑選手，但他不斷努力提醒自己**不過度**努力。在訓練的時候，他會刻意不竭盡全力，把精力留給一年裡的少數幾場比賽。為了延長身為運動員的職業生涯（也為了保持心理健康），他訓練時只發揮八成實力（有時是九成）。二〇一二年，菲爾普斯走過低潮，復出體壇。我想，那時的他應該已經願意重新思考訓練方式，尋求更平衡的做法。

隨著年齡增加，運動員常常不得不面對調整步調的問題。年輕的時候，他們以為自己的精力取之不盡，用之不竭，經常過度燃燒自己。的確，做任何事都全力以赴情操可佩，然而人生更像馬拉松，而非短跑。在某個意義上，這也是自信和自我之別——你夠信任自己有保留部分實力的空間嗎？你願守住贏得人生長跑所必備的沉靜與內心平和嗎？

納粹在奧許維茲（Auschwitz）入口掛了一句惡意的謊言：Arbeit macht frei——「工作讓你自由。」[17]

錯。錯。錯。

俄國有句諺語更加貼切：工作只讓你彎腰低頭。

人才**不**是職責的動物。我們的確背負一些重要的責任，像是對國家的責任、對同事的責任，還有養家的責任。我們很多人有獨特的天賦，我們有責任充分發揮，造福世界。可是，如果我們不照顧好自己，總是把自己逼到臨界點，我們不可能好好發揮。

美國有個鄉野傳說的寓意常被人誤解。那個傳說是這樣的：鐵路工約翰·亨利（John Henry）決心與蒸氣鑽孔機一較高下，憑著蠻力和超乎常人的意志力，他真的贏了機器。好厲害對不對？有沒有讓你大受鼓舞呢？——可惜他最後死

17 值得注意、也頗為諷刺的事實是：希特勒在二次大戰末期之所以日益偏執，甚至陷入譫妄，很大部分是因為他過勞。

了，精疲力盡而死！喬治・歐威爾（George Orwell）說得好：「在現實世界裡，弄壞鐵鎚的總是鐵砧。」

工作不會讓你自由。如果你不小心，它會要你的命。

設身處地為亞伯特親王的子女想想，他們一定樂意用沒那麼精采的世界博覽會，換得父親多活幾年。維多利亞女王一定也這樣想，他們的英國子民應該也是。

你覺得自己必須盡快回覆的那封電郵，其實可以等。你的人生劇本不必急著趕場，你甚至能趁換幕時休息一下。唯一一個能逼你在辦公室加班到深夜的人，就是你自己。你大可拒絕。你大可不接那通電話。你大可不開那場「非開不可」的會。

咬牙苦撐的人做不出好決定。在你已經工作過量、緊繃到極點的時候，你要怎麼思考？心理狀態又能有多好？這最後會變成惡性循環，我們必須用更多工作彌補自己犯下的錯，而當初如果能好好休息，懂得說不，而非不假思索答應下來，這些錯原本根本不會發生。只顧工作會讓我們神經緊繃、缺乏耐心，結果好人被我們推開，親近的人與我們日益疏遠。

在羅伯．厄爾．基恩（Robert Earl Keen）的〈門廊歌〉（Front Porch Song）裡，他寫到一隻「工作永遠做不完」的公牛——你想變成牠嗎？你想成為那種天天在工作室裡通宵達旦，最後靈感枯竭、也失去創作樂趣的藝術家嗎？搖滾樂手科特．柯本（Kurt Cobain）自殺的時候，在遺書裡自問：「絢爛燒盡或逐漸淡出？」一個人真的該為這種問題陷入兩難嗎？

英文的「人」叫「human being」，而不是「human doing」，不是沒有道理的。了解自己能力所及，知所節制，享受當下。

這便是關鍵所在。我們的身體是一份禮物，別讓它燃燒殆盡，別讓它操勞致死。

好好保護它。

去睡吧

暢談有時，就寢有時。

——荷馬（Homer），《奧德賽》（*The Odyssey*）

美國服飾（American Apparel）曾經是家市值數十億的公司，然而後來宣告倒閉。它經營失敗的原因很多：貸款過多、職場文化不佳、爭訟不斷、展店過快等等。從它二〇一四年分崩離析之後，這些問題已經廣獲報導。

為什麼這間年營業額高達七億、旗下員工超過一萬人的大公司，會在一夕之間突然倒閉？外界觀察家大多忽略了一項重大敗因。[18]

從創立美國服飾開始，達夫．查尼（Dov Charney）就決定要當大家都找得到的老闆。他做到了。即使公司不斷擴大，從一間小店面變成全球零售商，甚至成為世界最大的成衣公司之一，他還是堅持這項原則。這種做法看似親和，其實是自我膨脹，他以為自己能事必躬親，成為公司所有部門和員工的中心。

他真的說到做到。不但什麼人都能進辦公室找他，他也每通電話都接，每封電郵都看。從縫紉工、推銷員到攝影師，不論哪個層級的員工，只要遇上問題，都可以隨時來找他。在公司遇上公關危機之後，他更進一步在網路上公布電話號碼，讓記者和消費者都能找到他。

這種做法一開始的確有優點。查尼不但能隨時掌握公司脈動，也避免科層組織從中作梗，造成下情無法上達。可是日久天長，這種做法的效果漸漸打折，副作用卻慢慢擴大。

當這間公司迅速拓展到兩百五十家店、分布於二十個國家，你可以猜到會發生什麼事。到二〇一二年，查尼一天只能睡短短幾個鐘頭；到二〇一四年，他根本沒辦法睡——如果總是有人有問題想問，也總是有**別的時區**的人照他的「隨時找我」原則找他討論，他怎麼可能睡？他逐漸增加的年紀更讓睡眠不足的問題雪上加霜。

18 這是我的第一手觀察。

美國服飾的很多災難性錯誤，都源於這種極端、不斷累積的睡眠剝奪。這是理所當然的。研究顯示：人只要二十個小時左右不睡，認知能力便與酒醉的人無異。我們的大腦反應變慢，判斷力也明顯下滑。

二〇一四年，由於公司面臨轉型危機，查尼搬進配送和物流倉庫，也在小辦公室裡準備了行軍床和淋浴設備，頗有臥薪嘗膽之姿。對他自己和一些死忠者來說，這正是他全心投入公司經營的明證。但事實上，他一開始就判斷錯誤，讓公司轉型陷入泥沼，而他事必躬親、全程參與的管理風格，只讓問題變得更加複雜。隨著他待在公司晝夜不眠的時間愈來愈長，他變得愈來愈不穩定。

他當著員工的面大發脾氣。鬍子不刮。睡眼惺忪。拜他情緒不穩之賜，他連最基本的判斷和禮貌都一塌糊塗。他不斷下達前後矛盾的指示，幾乎像吃了秤砣鐵了心要毀了自己，也毀了公司。可是老闆是他，大家能怎麼辦？

最後，他們找了他**媽媽**來帶他回家，希望在為時已晚之前說服他好好照顧自己。無奈的是，他執迷不悟。雖然他搬回原來的辦公室，但他還是經常在晚上打電話給員工談公事，一直講到深夜，講到自己昏睡過去。徹底累垮是讓他闔眼休息的唯一辦法。

在住進倉庫那幾個月，查尼幾乎失去了他一手創立的公司。他冒險進行各種融資，讓自己在公司的地位岌岌可危，可是他不三思後果便莽撞進行。風暴降臨那天，他坐在自己親自挑選的董事會面前，把一包又一包的雀巢咖啡倒進冷水攪拌——因為這樣咖啡因較高，他才能保持清醒。離開會議室時，他失去了工作。

幾個月內，他的公司股票變得一文不值。投資人和收帳人去扣押他的財產，才發現他已近乎家徒四壁。這時的他積欠避險基金兩千萬美元，甚至沒辦法給自己請律師。

這場破壞力驚人的內爆，其實是一連串相對常見的過程激盪而成的：工作過量的人製造出危機，而他們試圖透過更加努力來解決危機；累到頭昏腦脹的工作狂犯下一個又一個錯誤；而他們愈是努力，情況變得愈糟，**他們**也更為沒人感謝他們的犧牲而憤怒。

有些人愛說「死了以後多的是睡覺時間」，這樣的人其實是在加速自己的死亡，從身體上和心靈上來說都是。他們用健康換來的不過是多工作幾個小時。只因為某個暫時性的危機看似急迫，他們就賠上原本能長期發揮在事業或職涯上的精力。

如果我們把睡眠當成奢侈品，那麼只要一忙，它就是我們第一個拋掉的東西。如果一定要等每件事都做完才睡覺，那麼工作和其他人會不斷影響你的私人領域。你遲早會彈性疲乏，覺得自己像工具人。大家好像都把你當成機器，認定你隨時待命，任人使喚，可是沒人在意你的感受。

身兼哲學家和作家的叔本華（Arthur Schopenhauer）曾說：「睡眠是一切健康和精力的來源。」他還說人最好三不五時睡一下，因為「睡眠是死亡時清償的本金利息，利率愈高，付得愈勤，清償日就推得愈遲」。

《赫芬頓郵報》（*HuffPost*）創辦人亞歷安娜・赫芬頓（Arianna Huffington）幾年前在浴室昏倒，清醒時血流如注，頭部劇痛。她是因為過勞才昏倒的，這一跌撞斷了她的顴骨。她的姐姐當時在家，說她聽見妹妹撞到磁磚的聲音時腹部一緊。對她們姐妹來說，這一聲猶如警鐘，讓她們不折不扣清醒了。生活不該如此。為工作鞠躬盡瘁一點都不有趣，拿睡眠時間多看幾分鐘電視、多打一通電話討論事情、多跟哪位重要人士開一場會，一點都不有趣。

這不叫成功，這叫受罪，這種生活方式不可能長久。在身體為生存而戰的時候，在身體為維持基本功能而擠出最後一絲氣力的時候，心和靈不可能平靜。為工作累垮自己的笨蛋不可能幸福，不可能沉靜，不可能享受獨處，不可能欣賞四周當下的美麗。

兩眼充血又灌下六罐蠻牛的工程師不可能沉靜。還像大學時代一樣天天跑趴的社會新鮮人——或沒那麼新鮮的社會人——不可能沉靜。欠缺計畫、最後只好熬夜三天把書趕完的作家，也不可能沉靜。二〇一七年的一項研究發現：缺乏睡眠會增加重複性負面思考。換句話說，虐待身體會讓腦袋也開始自我虐待。

睡眠和工作是一體兩面。工作必須使用我們體內儲存的電，而睡眠就是為身體這個電池充電。睡眠是一種冥想練習。睡眠是沉靜，是我們的**關機**時間。睡眠不是無緣無故內建在我們的生物機制裡的。

我們能給工作、親友和自己的精力就這麼多。聰明的人應該明白這個道理，也一定會好好守護精力。偉大的人一定不會在睡眠上妥協，因為最好的心智狀態來自睡眠。偉大的人懂得說不，懂得在身心俱疲時上床睡覺。他們絕不容許自己的判斷力受睡眠不足影響。雖然他們知道有些人可以不眠不休一直工作，但他們夠聰明也夠自覺，知道**每一個人**都是在充分休息過後才表現得更好。

著名的「一萬小時法則」研究者安德斯・艾瑞克森（Anders Ericsson）發現：小提琴大師平均每晚睡八個半小時，而且大多數日子都會午睡（邱吉爾有個朋友也講過：「他在古巴有個發現：午睡對恢復精神幫助極大。這個發現對他往後的幫助遠遠大過軍中任何經驗。」）艾瑞克森說，偉大的演奏家午覺睡得比較為遜色的演奏家更多。

《息耕錄開筵普說》是白隱禪師的經典講錄之一，他是怎麼準備的呢？他一直睡，一直睡，睡得很久，也睡得震耳欲聾——他的一個弟子說他「鼾聲如雷，迴盪全屋」。他就這樣睡了一個月，只偶爾起來見見訪客。除了這些時刻之外，他一直趴著睡得香甜。

他的弟子這時還不了解睡覺的威力，開始擔心。講經的日子馬上就要到了，師父怎麼還不好好準備呢？時間寶貴，他就打算這樣一天睡過一天嗎？他們開始求他趁著還有時間趕快準備，怎料他只是翻過身去繼續睡。最後，該來的日子還是來了，只見白隱慢悠悠地起身，毫無著急之色。坐定之後，他招來弟子，以無比清晰的條理開始口述。

內容精妙，一氣呵成。

只有獲得充分休息的心和受到妥善照顧的身，才能創造出這麼好的作品。健康的靈魂睡得震耳欲聾，幾百年後回音依然清亮。

如果你想得到平靜，你只有一件事要做。如果你想展現最好的一面，你也只有一件事要做。

去睡吧。

培養嗜好

閒暇時從事什麼活動是重要問題。

——亞里斯多德

威廉．格萊斯頓（William Gladstone）是長邱吉爾一輩的政治人物，曾四度出任英國首相。他的興趣十分特別：他喜歡去家裡附近的森林，砍樹。

砍大樹。手拿斧頭使勁地砍。

一八七六年一月，他花了整整兩天砍一棵周長約五公尺的榆樹。格萊斯頓在日記寫下的砍樹紀錄不下**一千則**，通常是帶著家人一起出遊。據說他之所以喜歡砍樹，是因為過程費力，只能全神貫注在下一斧頭要砍在哪裡，沒空想東想西。

很多人批評他以破壞山林為樂（其中一個剛好是邱吉爾的父親），但他真的不是。他一輩子種過很多樹，親自修剪的更多，而且很積極地照顧住家附近的樹。他相信移除死掉或腐朽的樹雖然是小事，但相當重要。有一次別人質疑他為什麼要砍掉某棵橡樹，他說必須從林子裡移除腐朽的樹，才能讓好的樹得到更多日照和空氣——就像政治一樣（這個玩笑立刻讓他贏得滿堂彩）。他的女兒也把父親砍的樹的木片當紀念品出售，以此籌募慈善基金。

不過，格萊斯頓鍾情砍樹最主要的原因，還是這能讓他放鬆，讓他被政治和生活壓得喘不過氣的腦袋得到休息。在他最後三任首相任期中（從一八八〇年到一八九〇年代早期），格萊斯頓去森林裡察看和砍樹超過三百次。事實上，他讓自己放鬆和專注當下的方法不只有砍樹，他也喜歡健行和爬山，直到晚年仍是如此。除此之外，他的日記裡唯一一件比砍樹還多的活動是閱讀（他一生蒐羅也閱讀了差不多**兩萬五千本**書）。這些嗜好讓他能暫時放下政治壓力，他為它們付出的努力總是能得到回報，而他的對手完全無法干擾他的興致。

要是沒有這些出口，誰知道他還能不能扮演好領導者的角色？要是少了在樹林裡得到的體悟——關於堅持，關於耐心，關於全力以赴，關於抓準時機、善用力道——他還可不可能長期為信念奮戰，為自己的理想打美好的一仗？

不可能。

大多數人聽到「閒暇」（leisure）這個詞的時候，想到的都是遊手好閒，什麼也不做。可是，這其實扭曲了閒暇這個概念的神聖意義。希臘文的閒暇是「scholé」，亦即「school」。在古代，閒暇代表的是有餘裕不工作謀生，有自由能**從事**智性或創造性追求。換句話說，閒暇指的是學習、鑽研和追求比生存更重要的事。

隨著社會進步，工作型態從勞力變成勞心，休閒型態也日趨多元，從閱讀到砍樹都算是閒暇活動。舉例來說，耶穌喜歡在水邊休息，與門徒一起捕魚。據塞內卡記述：蘇格拉底愛跟孩子們玩；加圖（Cato）喜歡喝酒放鬆；西庇阿（Scipio）熱愛音樂。而我們之所以能知道這些事，也是因為塞內卡在公餘喜歡寫信給朋友，以思辨和哲學討論為樂。約翰．凱吉的嗜好是採菇。他覺得在森林裡漫步能敞開他的心靈，讓新概念「像鳥一樣飛入腦海」。弗瑞德．羅傑斯愛游泳。大德蘭喜歡跳舞，第一位非裔美籍女太空人梅．卡蘿．傑米森（Mae Carol Jemison）也一樣。西蒙．玻利瓦也認為跳舞能幫助他在國事和革命事業之間取得平衡。作家大衛．塞達里斯（David Sedaris）喜歡在他英格蘭鄉間的住處附近散步，順便撿撿垃圾，常常一走就是好幾個鐘頭。約翰．葛瑞夫斯喜歡在他位於德州丘陵區的農場幹活，修籬笆、餵牛和耕地。胡佛（Herbert Hoover）總統非常喜歡釣魚，甚至寫過一本《釣魚其樂無窮，也洗滌靈魂》（*Fishing for Fun: And to Wash Your Soul*）。

劍聖宮本武藏的職業需要激烈使用身體，但他晚年習畫，也發現劍道與繪畫相輔相成。事實上，日本武將和武士大多喜歡花道、書法和作詩，結合剛與柔、動與靜兩種極端。白隱禪師除了道行深厚之外，也擅長繪畫和書法，一生創作了幾千件作品。NBA名將克里斯多福．波許（Chris Bosh）自學寫程式。愛因斯坦拉小提琴，畢達哥拉斯（Pythagoras）彈七弦琴。約翰．霍普金斯大學（Johns Hopkins University）創辦人威廉．奧斯勒（William Osler）則對有志習醫的學生講過：在為化學或解剖學心煩的時候，「如果想恢復平靜，請服用最有效的鎮定劑——莎士比亞」。

不論你的嗜好是閱讀、拳擊或集郵，什麼都好，讓它幫助你放鬆，帶給你平靜。

尤瑟夫．皮柏（Josef Pieper）在談閒暇的書裡講過：「『閒』的能力是人類靈魂的基本力量之一」。這一點非常耐人尋味：「閒」明明是身體狀態——甚至是一種身體**行動**——可是它能為靈魂充電，強化靈魂的力量。「閒」**就是**活動，而不是沒有活動。「閒」沒有的是外在理由——從事閒暇活動不是為了錢，也不是為了引人注目。

你必須是**為自己**而休閒。

好消息是：任何事都可以成為休閒。休閒可以是砍樹，可是是學語言，可以是露營，可以是修理舊車，可以是寫詩，可以是編織，可以是跑馬拉松、騎馬，或是拿金屬探測器巡沙灘。你也可以像邱吉爾一樣，去學畫畫或砌磚。

皮柏說休閒就像睡前祈禱。它或許有助於睡眠，但重點不是睡眠。同樣地，休閒也許能讓你在工作上表現得更好，但休閒不是為了工作。

很多人發現，從事激烈運動能讓自己放鬆。不過，這類運動固然能讓他們工作得更好，但他們做運動的目的不在這裡。活動身體並以意志力克服體能侷限有如冥想，不論是長泳的鍛鍊、重訓的挑戰，或是短跑時的窒息感，都是能讓人得到淨化的經驗，即使它們伴隨著痛苦。在汗水狂飆之前，我們真真切切地感受到壓力從靈魂和意識深處釋放，排出身體，那種感覺美妙無比。

荀子說：「身勞而心安，為之。」這正是西方哲學家經常練習摔角和拳擊的原因，也是東方哲學家往往勤練武術的理由。這些運動都不簡單，練的時候只要稍一閃神，你就可能傷到自己。

休閒活動的目的不只是填滿空白時間，也不只是轉換心情。休閒是讓你投入嗜好，而嗜好能同時為你帶來挑戰和放鬆。孔子的學生觀察到：在閒暇的時候，老師總是氣定神閒，怡然自得[19]（據說他也「多能鄙事」）。一點也沒錯。休閒能讓你在不同情境中練習和展現沉靜。

古羅馬詩人奧維德（Ovid）也說：人在閒暇時會「展現出真正的自己」。拼拼圖；練吉他；一大清早一個人靜靜待在狩獵處，拿著槍或弓箭凝神等待獵物出現；去街友庇護所幫忙打飯。身體一忙，心胸往往開闊，心情也自然放鬆。

當然，休閒很容易變成逃避，而休閒一旦成為逃避，就不再是休閒。當放鬆的嗜好變成衝動而不是**選擇**，就不再是休閒。

因為衝動裡沒有沉靜。

雖然沒人希望休閒變成工作，但我們必須像工作一般**努力**挪出休閒時間。

19 《論語》〈述而〉：「子之燕居，申申如也，夭夭如也。」

「對我來說，」尼克森在回憶錄裡寫道，「放下工作常常比投入工作更難。」工作的時候我們有事情忙，我們被人需要，我們手握權力，我們有價值感，一連串的衝突、分心和急事接踵而來。尼克森說不斷給自己考驗「絕對是提升表現的必要條件」，可是他表現得很好嗎？或者他的問題正是出在不懂得休閒？

空閒讓我們有機會體驗當下，與自己共處。休閒是與釣竿同在，聆聽鉛墜落入水面的聲音，放下控制欲，享受等待。休閒是學語言的字卡，是入門新手的謙卑，是對天道酬勤的信心，是逐漸產生的自信。

沒有人逼我們非做不可。遇上瓶頸可以放棄，可以走捷徑，甚至可以（自我）欺騙，不必擔心招來什麼不好的後果。享受閒暇沒有薪資、沒有回報，也無法獲得肯定，得到的只是一份經驗。事實上，好好從事嗜好——專注、開放、用心、產生連結——是很難的。我們不能把嗜好變成工作，變成另一個尋求掌控或主宰別人的東西。

嗜好必須有張有弛，精益求精但不苛求，悠遊其中但不隨便。

人生需要的是平衡，不是從一個極端擺盪到另一個極端。太多人只有工作和狂歡兩種模式，不是工作就是看電視、吃美食、打電動，或是百無聊賴地疑惑為什麼人生這麼無聊，而日子過得混亂又導致假期規劃能力盡失。

對著畫布沉思？參加讀書會？騎一下午單車？上山砍樹？誰有那個美國時間？

如果邱吉爾找得出時間，格萊斯頓也找得出時間，你一定找得出時間。

休閒不會影響工作嗎？

塞內卡問過：我們既然願意在工作上為不確定的代價擔風險，為什麼不敢為休閒而冒險付出一點時間呢？

休閒不必感到罪惡，因為休閒不是浪費時間，而是投資。沒有目的的嗜好能讓人得到滋養，嗜好的目的**正是**沒有目的。

休閒也是辛勤工作的回報。說到「文藝復興式通才」（Renaissance man），我們想到的總是積極和忙碌，但不應忘記的是：他們也活得平衡而充實。認識自己是成功的獎勵。在工作之餘，我們應該容許自己追求更高的事物，在這些嗜好中獲得滿足與喜悅。這是你辛勞的果實，它就在那裡，請大方摘取。

挪出時間。認真投入。

你值得享受閒暇，你也需要擁有閒暇。

擁有閒暇，你才能沉靜。

切勿逃避

禍哉！無處可逃！
何處躲避這無盡的怒焰，這無盡的絕望？
我逃向哪裡都是地獄，我自己就是地獄。
——約翰．彌爾頓

在得意之作《心塵情緣》（*Ask the Dust*）遭到出乎意料的慘敗之後，劇作家約翰．方提（John Fante）深受打擊，亟需逃避。換作別人，此時大可上街逛逛，或是出國旅行一趟，暫時離開這個傷心之地，可是他沒辦法。他不是窮到沒這份奢侈，就是紅到離不開好萊塢。在事業起起伏伏那段日子，他先是閃電結婚，後來又生了太多孩子，此後更沒餘裕出門放空。

多年以來，他用過很多方式麻痺痛苦。有時是連打好幾個鐘頭彈珠臺（他的這個興趣太過出名，後來還被作家威廉·薩洛揚（William Saroyan）寫成《人生歲月》（*The Time of Your Life*）裡的一個角色」，有時是流連好萊塢的酒吧，跟費茲傑羅和福克納（William Faulkner）連喝好幾個鐘頭的酒。他花了太多時間在這些事情上，讓他充滿耐心的妻子喬伊絲（Joyce）獨守空閨。

他藉這些活動追求的不是重振旗鼓，也不是休閒，而是**逃避**現實生活。用方提自己的話來說，他浪費了好幾十年光陰去打高爾夫、閱讀、喝酒，還有**不**寫小說。因為這樣比不斷遭受拒絕好過一點，也比靜靜待在房間裡奮力一搏簡單，江郎才盡的心魔難纏得很。

偷閒和逃避不一樣，差別在動機。旅行是很好的休閒，但請看看強尼·凱許的例子：在第一次婚姻觸礁，作品也愈來愈公式化、愈來愈不能讓自己滿意之後，他旅行了很長一段時間。旅程結束之後，他在洛杉磯機場降落。可是他沒有回家，反而又去櫃檯買機票。他想去哪裡呢？「哪裡都行。給我下一班飛機的機票就好。」他對櫃檯人員這樣說。

絕望和躁動總一起出現。

問題是你不可能逃離絕望，你不可能用身體逃避存在於心靈的問題。你不可能逃避做過的選擇，你只能用更好的選擇修正它。

有問題的不是休假（尤其是為安靜獨處而休假），不是打高爾夫球，也不是喝杯啤酒放鬆一下。雖然邱吉爾痛恨高爾夫，但他也喜歡旅行，更喜歡來杯香檳調劑調劑。

不過，陷入慌亂和傷痛的人常常以為逃避對自己是好的（不論是現實上的逃避，或是心理上的逃避）。的確，旅行的匆忙、衝浪的刺激，還有藥物帶來的心智狀態轉變，多多少少可以舒緩緊張。也許你從中得到不錯的經驗，而你突如其來的「人生體悟」也能讓朋友嘆服。

可是這些感覺消失之後呢？你那時還剩下什麼？

尼克森入主白宮期間看了將近**五百部**電影，而我們都知道他想逃避的是什麼。老虎伍茲也是如此，他之所以沉迷於偷情和賭博，部分原因就是為了逃避童年留下的創傷。然而，他每次選擇搭私人飛機去賭城發洩，而不是與妻子開誠布公談談（也沒有在父親在世時與他好好溝通），都是讓自己在痛苦中愈陷愈深。方提也一樣，他每次選擇打高爾夫球而非打字，每次選擇流連酒吧而非陪伴家人，都是讓自己更無法自拔。雖然他暫時獲得逃避，但代價極其高昂。

逃避就像拖欠債務，愈是拖延，利息愈高，但帳單還是有到期的一天，而到時付清比現在償還更難。

在人生旅途上，你終究無法逃避**自己**。

曾走過漫長旅途的人都知道這點。我們遲早會發現自己背了太多包袱，需要打理的早已不只原本的行李。

愛默生一生去過很多地方，不但足跡踏遍全美，也曾遊歷英國、義大利、法國、馬爾他（Malta）和瑞士。他說：打造出觀光客喜歡一遊的奇景的人，都不是在旅行時設計出它們的。人不可能在四處遊蕩時創作出偉大的作品。在創作的時候，你必須**如如不動**如天地之軸。愛默生還說：有人以為出門遠行能解決一切問題，以為在凝視羅馬競技場的時候，或是凝視一身青苔的大佛石像的時候，能靈光一閃，悟出自己所有問題的答案，但這其實是**帶著已如廢墟的心訪廢墟**。這樣的人不論去了哪裡、做了什麼，他們悲傷的自我都一路相隨。

機票、藥物或草藥只能讓你原地踏步，無法提供捷徑給你。想得到你渴望得到的東西，你必須靜下心付出努力，以真實的自我意識和耐心探索自己。

你必須沉靜下來，仔細觀察真正發生的是什麼。你必須等混濁的泥水沉澱。如果你不斷從一個地方飛到另一個地方，你不可能做到。用各式各樣你想得到的活動把行程填滿，並不能驅逐你心中的負面想法，一刻也不行。

早在公元前四世紀，孟子就感嘆：道雖然在近處，人卻總是想向遠處求。[20] 幾百年後，奧理略也說真理「不須往遠處尋」，只須**凝視內在**。他說：「除了你自己的靈魂之外，再也沒有更平靜、更不受干擾的地方。」

下一次你又想逃避，或是又想用遊蕩、工作或其他活動填補空虛，請忍住衝動，設法靜下來。別急著訂機票，先去附近走走。別忙著登高望遠，先讓自己安靜獨處。想重拾我們與生俱來的沉靜，這些辦法方便得多、容易得多，效果也持久得多。在心靈之內旅行，把身體留在原地。「短短一遊，便足以讓你放下一切，」奧理略寫道，「讓你準備好重返現實，面對等待你的挑戰。」

答案無法外求，你該**向內探索**。

如果你的人生追求的是真正的平靜和澄明——事實上，你本來就值得擁有平靜和澄明——請切記：它們就在近處，離你不遠。請像愛默生說的那樣如如不動，**向內**諦觀，堅定不移。

在鏡子前站定。重新欣賞你的門廊。

你出生時得到的就是這副身體，不必試著變成別人，也不必去別的地方。
好好認識你自己。

打造一個不須逃避的人生。

20 《孟子》〈離婁〉：「道在爾而求諸遠。」

勇敢行動

會留意到世人的需求，並為此付諸行動的人……都是我心目中的英雄。

——弗瑞德·羅傑斯

在卡繆（Camus）的最後一本小說《墮落》（*The Fall*）裡，主人翁克萊蒙斯（Clamence）有天晚上在阿姆斯特丹街上獨行。突然，他聽見水聲，像是有女人掉進河裡。不過他沒去察看，一方面是因為他不完全確定那是什麼聲音，另一方面，他正準備與情婦共度美好的一夜，所以他不想多事，逕自離去。

克萊蒙斯是律師，平日備受敬重，在同儕之間風評也不錯，大家都認為他是正人君子。隔天，他回到平時的生活步調，打算忘了這件事。他與以往一樣接待當事人，與朋友聊天取樂，提出有力的政治論點說服他們。

可是他開始覺得不對勁。

有一天，在為一名盲人當事人漂亮地辯護之後，他隱隱覺得有幾個陌生人在背後笑他。他說不上來是哪些人，但就是有這種感覺。後來在十字路口，他先是差點被一輛摩托車撞上，接著又遭到攻擊。雖然這些事彼此無關，但它們開始瓦解他長久以來對自己的幻覺。

他漸漸認清殘酷的真相：那天晚上，他做了一個錯的決定，而另一個人可能因此失去生命。這份領悟不是天啟式的恍然驚覺，也不是突然受到什麼刺激而頓時澈悟，而是漸漸地、悄悄地侵入克萊蒙斯的心，最後不可逆地改變了他的自我認知：原來我是那種會聽任別人自殺，卻不出手相救的人。

克萊蒙斯對自己見死不救的覺察，是這本書的重心。他不得不面對袖手旁觀的羞恥，不得不承認平日自命不凡的虛偽。他終於發現：雖然自己一直自認是好人，可是在需要他行善的時候，他只拍拍屁股就走——而且不只是那晚，很多時候都是如此。

這個想法開始不斷糾纏他。此後每到晚上走在街上，他總聽見那個女人的叫聲——那個他多年以前置之不理的叫聲。那聲音折磨他，也撩撥他，因為他重獲救贖的唯一希望，就是在現實世界裡再次聽見同樣的聲音，讓他有機會跳進河裡把人救上來。

可是太遲了。他已經犯下了錯。他再也不能心安。

這個故事當然是虛構的，可是筆鋒犀利，切中要害。不算巧合的是，它的寫作時間在二次大戰之後——在歐洲令人髮指的道德墮落之後。卡繆想傳達給讀者的訊息，就像克萊蒙斯記憶中那個女人的尖叫聲一樣，直直刺入我們心中：想法高尚和良心敏銳是一回事，但真正重要的是你**做**了什麼。靈性的健康，取決於我們在聽見真理呼喚的時候用身體做了什麼。

克萊蒙斯揮之不去的苦惱與煎熬，正好可以與法國哲學家安娜．杜佛蒙德爾（Anne Dufourmantelle）的抉擇做對照。二〇一七年，杜佛蒙德爾五十三歲，正值壯年。她看見兩個素不相識的孩子溺水，便奮不顧身前去營救，最後自己不幸溺斃。她在著作中時常談到風險，她認為人生不可能沒有風險，事實上，**生命即是風險**。她有一次在訪談中說：在面對風險的時候，人天生就有「行動、奉獻和超越自我的強烈動機」。

於是在聖特羅佩（Saint-Tropez）海灘上，當危機時刻到來，杜佛蒙德爾親身面臨置之不理與**行善**的抉擇，她選擇為自己的信念完全獻身。

哪個選擇比較好呢？該活得像懦夫，還是死得像英雄？該逃避你明明知道是對的事情，還是勇敢迎向責任？另外，哪種選擇更符合天性呢？是拒絕人類同胞的呼救，還是在他們需要你時勇敢躍入水中，設法營救他們？

沉靜不是不問世事的藉口，恰恰相反——沉靜是讓你為更多人做更多好事的工具。

不論是佛教或斯多噶學派，都不認同後來稱為「原罪」的概念。原罪論認為人是墮落、敗壞、充滿缺陷的物種，可是佛教和斯多噶學派正好相反，他們認為人天生是善的。對他們來說，「順性」是「行善」的同義詞。對亞里斯多德來說，德行不只是內蘊於靈魂的東西，更是我們生活的方式，是我們的所作所為。他認為德行即「eudaimonia」（幸福），是人完全實現自我時的狀態。

做出自私或違背良心選擇的人，絕不可能得到平靜。在別人受苦或掙扎時袖手旁觀的人，不論成就多高、名聲多響亮，都絕不可能問心無愧，也絕不可能相信自己這樣已經**夠了**。

時時**行**善才能心安。貢獻人群才能感到自己是人類的一分子。以身體行善——志願服務、保護弱小、**挺身而出**——就不致待身體如遊樂園，用它尋找刺激。

德行不是抽象的概念。我們不是為了博取掌聲而學習如何讓心思澄淨，還有如何分辨真正重要的事和無關宏旨的事。我們也不是為了變得更有錢或更有權而求進步。

我們付出這些努力的目的是活得更好，並**成為**更好的人。

我們遇見的每一個人、每一個情境，都是證明這點的機會。

童軍有句銘言是：「日行一善」。

有些善行是大的，像拯救生命和保護環境，而童軍相信：有些事情雖然是舉手之勞，但也是善行，例如展現友善、幫鄰居除草、發現事情不太對勁時打電話報警、幫人開門、跟轉學生交朋友等等。做這些事就是勇敢，讓世界更美好的總是這樣的人。

奧理略講過，只有無私能讓我們「快樂而沉靜」。〈馬太福音〉第五章第六節也說，神會讓做好事的人感到滿足。可惜的是，似乎有太多信徒以為**信**就夠了。如果我們找各個宗教的信徒來仔細問問，會發現多少人沒有**活出**博愛、慈善和無私的信條呢？

重要的是行動。

拿起電話，向人訴說他們對你的意義。分享你的財富。競選公職。撿起路上看到的垃圾。在別人遭到霸凌時挺身而出。即使你害怕，即使你可能受池魚之殃，也要勇敢挺身而出。坦誠講出實話。銘記誓言，履行承諾。拉跌倒的人一把。

要試著做**不容易做**的好事。愛蓮娜．羅斯福（Eleanor Roosevelt）講過：「你必須做你原本做不到的事。」

這或許令你膽怯，但行善本來就不見得容易。請切記：善的另一面是真正的沉靜。

想想桃樂絲．戴，還有世上許多沒沒無名的修女，她們都為別人慷慨付出自己。雖然她們可能身無長物，但見到自己為窮人提供庇護，為社會遺棄的人找回自尊，她們必定欣慰萬分。看看她們，再想想那些只關心孩子進不進得了貴族托兒所的怪獸家長，或是那些侵吞劣跡行將敗露的企業合夥人，你覺得寢食難安的是哪一種人呢？再想想我們自己：在看出自己待人處事有違原則的時候，在發現自己為別人做得不夠的時候，我們是否不安難耐呢？

哲學家納西姆．塔雷伯講過：如果你眼見欺騙卻不指出那是欺騙，那麼**你**

也是騙子。更糟的是，你會覺得自己像騙子，從此再也無法感到自豪、自信或快樂。

我們會不會達不到自己的標準呢？有時候會。但這種情況出現的時候，請不要像克萊蒙斯那樣只知自責。我們應該從錯誤中學習，讓它重新引領我們，就像對待所有的創傷一樣。

正因如此，戒酒無名會以服務為復原步驟的一部分。這並不是因為善行能改變過去，而是因為付出能讓我們跳脫自我，幫助我們為未來寫下更好的劇本。

我們若想當個好人，也讓自己感覺良好，就必須**行**善，別無他途。聽見呼救聲時，請挺身相救。見到別人需要幫助的時候，請伸出援手。別放過任何一個行善的機會。

因為若是錯過機會，你永難心安。

謝幕

白天勤奮的人夜裡睡得好，認真活過的人死時無牽掛。
——達文西

公元一六一年，羅馬皇帝安東尼努斯．庇護（Antoninus Pius）自知來日無多。他已經七十四歲了，感覺得出身體裡的生命力正逐漸流失。他近日高燒不退，胃部也疼痛難耐。他用最後一絲氣力召來義子馬可．奧理略，在房裡諄諄吩咐軍國大事，準備把國家託付給他。交代完畢之後，安東尼努斯道出此生最後一個字。那個字不但銘刻在他義子心裡，讓他終生難忘，也穿越千百年的歷史，繼續觸動我們的心，那個字是——aequanimitas（平靜）。

幾百年前，大約在公元前四百年時，佛陀以同樣的平靜接受自己即將離世的事實。他當時的年紀比安東尼努斯稍長，但他沒有指定繼承人。因為他雖然出身王室，卻早已為了追求開悟而捨棄家國。不過，他看得出來弟子對他即將離去憂心忡忡。沒有老師的指引與關懷，以後該怎麼走呢？他們十分煩惱。

「你們大概在想，」佛陀說，「『師父不再能教導我們了，我們以後沒有師父了。』別這樣想。我走了以後，你們就以法為師，以戒為師。」

接著，跟安東尼努斯一樣，佛陀準備留下他的遺言。這是他最後一次能向他關心的人開示，而他知道，他們遲早會遭遇種種人生難題。「世皆無常，會必有離，」他說，「當勤精進，早求解脫。」

佛陀沉沉睡去，再也沒有醒來。

在這兩位巨人之間悄然謝幕的是伊比鳩魯。他的人生哲學十分獨特，幾乎完美搭起東西方的橋梁。在佛陀和安東尼努斯之間離世，巧合地呼應了他的橋梁角色。公元前兩百七十年，伊比鳩魯同樣意識到自己的時間所剩無幾，開始寫下最後一封信：「在這幸福的日子，我的人生的最後一天，我有些話想告訴你們。」儘管身體因為膀胱結石和腸道阻塞而疼痛無比，他說他心中充滿喜悅，也回憶起許許多多與朋友的對話。最後，他留下幾個忠告，囑咐大家好好照顧一位他很欣賞的弟子。幾小時後，伊比鳩魯平靜地加入佛陀和安東尼努斯的行列，在死亡中與他們走入永恆。
伊比鳩魯的忠告有三，雖然各不相同，但目標是一樣的。
清晰思考。
冷靜處事。
仁慈待人。
換句話說，保持沉靜。
我們討論的三個領域，正好對應這三個忠告。
心。
靈。
身。
思考。心靈。身體。
它們就像凳子的三個腳，必須相互配合。
沒有任何一個人能永遠活著。不論我們相不相信、接不接受，我們全都會死。
也許是明天診斷出癌症，也許是兩週後被掉落的大樹枝砸到頭，當場一命
嗚呼。從出生那一刻開始，每一個人的預後都是死。我們的心臟會不停跳動一

段時日，直到有一天突然停止。

Memento mori（切記你也會死）。

許多焦慮與沮喪都源自這個事實，世界上恐怕也沒有比死亡更令人不安的事。光是想到自己有朝一日會死，似乎都很可怕，更讓人惶恐的是沒人知道自己什麼時候會死，死亡的時候又會發生什麼事。有天堂嗎？有地獄嗎？會痛嗎？或是進入黑暗的時間深淵，一片虛無？

塞內卡曾提醒自己：出生之前，我們是平靜不動的，所以死亡之後也會如此。他說，光熄滅了什麼也沒失去，它只是回到先前的狀態而已。

否認死亡——否認這個簡單但令人不得不謙卑的事實——是我們急於建功立業的原因，是造成諸多煩惱和爭執的原因，也是我們不斷追求名利和享樂、無法保持沉靜的原因。諷刺的是，儘管人生如此寶貴，我們卻花了這麼多時間白費心思抗拒死亡，或是徒勞無功地試圖不去思考死亡。

蒙田講過，**探究哲學就是探究如何死亡**。

雖然這本書談的主要是如何好好地活，但懂得如何活的人也會懂得如何死，因為生與死的道理是相通的。我們討論的三個領域，都在死亡裡合而為一。

我們必須學會理性而清晰地思考自己的命運。
我們必須在活著的時候找出靈性的意義與善良。
我們必須好好對待自己在世間居住的器皿——否則我們將被迫提早離開它。
死亡為我們心、靈、身的一切畫下句點，帶向最後的、永恆的沉靜。
所以，我們也在這裡為本書畫下句點。

後記

現在是傍晚時分，我剛剛寫完你方才讀的那幾頁，是時候該離開電腦了。幾年前我離開喧囂的都市，帶著一家人住到郊外，在桌前掛上一張奧立佛·薩克斯（Oliver Sacks）說「不！」的照片。今天的寫作工作已經結束，我該去農場幹活了：餵餵雞，給驢子添幾根紅蘿蔔，籬笆那裡也該去巡一巡。巧的是，禪宗的馴牛記在我這裡真實上演——我鄰居的牛逛進我的農場，我得把牠找出來。

我兒子幫我把一些工具搬上拖拉機（他總愛對著它喊：「拖拉機，**拖拉庫！**」）。我抱了抱他，先穿過農場開向田埂，再沿著溝渠開回來。籬笆的情況不太好，已經開始鬆脫，一方面是因為日晒雨淋，另一方面是那頭牛幹的好事。所以接下來那個小時我都在修籬笆，不斷纏繞、旋緊鐵絲。程序是這樣：把鬆掉的鐵絲拉緊，重新纏上樁子，兩端勾上，再用鉗子旋緊。拉、纏、勾、旋，拉、纏、勾、旋，不斷重複。

只做，不思考。

德州天熱，我才開始動手就全身是汗，皮手套也愈來愈髒。大功告成之後，我對自己說這次修得牢靠，應該可以撐上很長一段日子（或者該說，我希望如此）。接下來要做的事是搬牧草餵牛。我打倒檔，讓拖車朝圓草捆（round bale）駛去。貨架鏟進草捆之後，我發動引擎，約九百公斤的牧草危危顫顫升起，滾進拖車。我還沒開到牧場，牛隻已爭先恐後湊了過來。牠們現在變得很精，聽見引擎聲就知道食物來了。我朝著牧草架（hay ring）再次倒車，圓草捆應聲而落。我從口袋裡掏出小刀，把圓草捆的網子割斷，再套上沉重的金屬牧草架，免得浪費。牛隻開始你推我擠，搶著在草捆旁邊占個好位子，邊吃邊滿足地叫。

分散牠們的注意力之後，輪到我好好找那隻牛了。幹活的時候，我有聽見牠的聲音，我猜牠可能在牧場後方邊角那裡。果然，我在那裡找到了牠，一對長角，肌肉結實，可能有九百多公斤重。我心裡有點悶，畢竟問題並不出在我身上，但我的鄰居似乎不在乎這種事不斷發生。我像偈頌裡說的一樣，緊緊盯著牠，但保持距離。不只是因為我不想被牠攻擊，也是因為之前的教訓——那次我太急，惹火了牠，結果牠狠狠撞上我的鐵絲網籬笆。缺乏耐心代價不菲，所以我這次決定緩著來。

趕牛的訣竅，是慢慢引牠去你希望牠去的方向，一邊減少牠的選擇，一邊設法讓牠移動。總之，要讓牠覺得是自己想往那走，否則牠會開始害怕，甚至生氣，到時候問題會變得更不好收拾。

所以我只倚著雪松靜靜觀察，望著地平線的紫冠——德州奧斯汀的落日——以及餘暉下的第一批收成。在這當下，我心靜如水，近來的難題突然不算一回事，世上的紛擾也離我遠去。我的呼吸慢了下來。這片原野沒有社群媒體，沒有二十四小時不斷炒作新聞的頻道，沒有客戶，沒有合夥人，也沒有應酬。我寫個不停的書稿離我遠遠的，我讀的書、做的筆記、我舒適的辦公室，還有我喜歡的擺飾，也都離我遠遠的。在遠離工作的這個時候，幾個月前讀的肖恩·格林的故事，還有他真正教給我們的道理，突然毫無預兆地從潛意識滑向意識表層。現在我懂了。我懂他追求的是什麼了。

劈柴，擔水。修籬笆，搬牧草，尋牛。

在這些時候，我的腦袋是空的，心是滿的，身體是忙碌的。

Attamen tranquillus（縱有風浪，平靜依然）。

萊恩·霍利得，於德州奧斯汀

下一步？

每天早上，我會在DailyStoic.com寫下受斯多噶和其他古代哲學家啟發的心得，目前已有將近二十四萬人追蹤。如果你有興趣，歡迎加入我們：

DailyStoic.com/email

如果有意進一步閱讀孕育這些智慧的書籍，讓自己得到滋養、啟發與挑戰，歡迎訂閱每月推薦圖書：

RyanHoliday.net/reading-list

致謝

達到沉靜最簡單方便的方式之一，是感謝。感謝能活在世上，感謝有休息的機會，感謝人生裡每一位幫過你的人。每天早上，我都會撥點時間想想這些事，但大多數時候，我只把這些感謝放在心裡，沒有說出口。現在，我想花點篇幅感謝讓這本書成為可能的每一個人。首先是我的妻子莎曼珊（Samantha），我由衷感謝她的引領、支持，以及與生俱來的沉靜，我始終希望能學到這一點。感謝我的兒子克拉克（Clark），在寫作本書的日子，他多次陪我長距離散步。感謝我的姐姐愛咪（Amy），她與癌症搏鬥時的鎮靜與堅強令我感動，也讓我學到謙卑。謝謝我的經紀人史帝夫．韓瑟曼（Steve Hanselman），他不僅協助我處理翻譯事宜，也與我一同構思這本書的內容。感謝尼爾斯．帕克（Nils Parker），他已為我審稿超過十年，一直給我很好的建議。感謝布蘭特．安德伍（Brent Underwood）大力協助行銷事宜，也幫我建立網路平台。感謝赫利斯托・瓦希列夫（Hristo Vassilev）助我深入主題，並擔起事實查核的工作。感謝我的編輯妮琪・帕帕多普洛斯（Niki Papadopoulos），以及企鵝藍燈書屋（Penguin Random House）旗下的Portfolio出版社，我的**每一本書**都有勞他們費心。感謝將這些貴人和種種機緣串在一起的「邏各斯」……

我也應該向我的牛羊和驢子致謝，牠們讓我學到生活重於工作，可惜篇幅有限，不能一一點名。謝謝Thought Catalog、Observer、Medium和DailyStoic.com給我發表空間，讓我有機會討論這本書裡的許多概念。

最後也最重要的感謝，必須獻給啟發我寫這本書的思想家和哲學家。沒有他們，就不可能有這本書，更重要的是，他們的洞見和作品豐富了我的人生。感謝這本書裡寫到的英雄（與反派），他們的成功與失敗都反映出人性，為我們追求幸福、卓越和沉靜提供了啟發，也提供了教訓。雖然我在這條路上離終點還遠，但他們的例子讓我一寸寸往前推進，但願這只是開始，願（眾）神佑我。

相關資料與參考書目

我希望這本書盡量輕簡，方便隨身攜帶，因此沒有太多篇幅將相關資料全部列出。但這些資料實在可貴，略掉十分可惜，歡迎有興趣的讀者來信索取：

hello@stillnessisthekey.com

有意進一步閱讀東西方哲學的讀者，我推薦以下這些書：

・*Meditations*, by Marcus Aurelius (Modern Library)（中譯本見馬可・奧理略著，樂軒譯：《沉思錄：我與自己的對話》，臺灣商務，2012）

・*Readings in Classical Chinese Philosophy*, by Philip J. Ivanhoe and Bryan W. Van Norden (Hackett)

- Letters of a Stoic by Seneca (Penguin Classics)
- *The Bhagavad Gita* (Penguin Classics)（中譯本見：鍾文秀譯：《薄伽梵歌：梵文經典原翻譯・文法解析》，空庭書苑，2010）
- *The Art of Happiness*, by Epicurus (Penguin Classics)
- *The New Testament: A Translation*, by David Bentley Hart (Yale University Press)
- *Buddha*, by Karen Armstrong (Penguin Lives Biographies)（中譯本見凱倫・阿姆斯壯著，林宏濤譯：《佛陀：喬達摩的人生旅程》，左岸文化，2009）

好想法 33

駕馭沉靜

平衡身心靈與內外衝突，通往幸福的情緒練習

Stillness Is the Key

作　　者：萊恩・霍利得（Ryan Holiday）
譯　　者：朱怡康
主　　編：劉瑋
校　　對：劉瑋、林佳慧
封面設計：木木 Lin
美術設計：洪偉傑
行銷公關：石欣平
寶鼎行銷顧問：劉邦寧

發 行 人：洪祺祥
副總經理：洪偉傑
副總編輯：林佳慧
法律顧問：建大法律事務所
財務顧問：高威會計師事務所
出　　版：日月文化出版股份有限公司
製　　作：寶鼎出版
地　　址：台北市信義路三段 151 號 8 樓
電　　話：(02) 2708-5509　傳真：(02) 2708-6157
客服信箱：service@heliopolis.com.tw
網　　址：www. heliopolis.com.tw
郵撥帳號：19716071 日月文化出版股份有限公司

總 經 銷：聯合發行股份有限公司
電　　話：(02) 2917-8022　傳真：(02) 2915-7212
印　　刷：禾耕彩色印刷事業股份有限公司
初　　版：2021 年 2 月
定　　價：380 元
ＩＳＢＮ：978-986-248-938-3

This edition published by arrangement with the Portfolio, an imprint of Penguin Publishing Group, a division of Penguin Random House LLC.
through Andrew Nurnberg Associates International Ltd.

國家圖書館出版品預行編目資料

駕馭沉靜：平衡身心靈與內外衝突，通往幸福的情緒練習／萊恩・霍利得(Ryan Holiday)著；朱怡康譯. -- 初版. -- 臺北市：日月文化出版股份有限公司，2021.02
320 面；14.7×21 公分. –（好想法；33）
譯自：Stillness Is the Key

ISBN 978-986-248-938-3（平裝）

1. 修身 2. 生活指導

192.1　　109021533

日月文化集團
HELIOPOLIS
CULTURE GROUP
客服專線 02-2708-5509
客服傳真 02-2708-6157
客服信箱 service@heliopolis.com.tw

廣告回函
台灣北區郵政管理局登記證
北台字第 000370 號
免貼郵票

日月文化集團 讀者服務部 收

10658 台北市信義路三段151號8樓

對折黏貼後，即可直接郵寄

日月文化網址：**www.heliopolis.com.tw**

最新消息、活動，請參考 FB 粉絲團

大量訂購，另有折扣優惠，請洽客服中心（詳見本頁上方所示連絡方式）。

大好書屋　寶鼎出版　山岳文化

EZ TALK　EZ Japan　EZ Korea

日月文化集團
HELIOPOLIS
CULTURE GROUP

感謝您購買 **駕馭沉靜**：平衡身心靈與內外衝突，通往幸福的情緒練習

為提供完整服務與快速資訊，請詳細填寫以下資料，傳真至02-2708-6157或免貼郵票寄回，我們將不定期提供您最新資訊及最新優惠。

1. 姓名：＿＿＿＿＿＿　性別：□男　□女
2. 生日：＿＿年＿＿月＿＿日　職業：
3. 電話：（請務必填寫一種聯絡方式）
   （日）＿＿＿＿　（夜）＿＿＿＿　（手機）＿＿＿＿
4. 地址：□□□＿＿＿＿＿＿
5. 電子信箱：＿＿＿＿＿＿
6. 您從何處購買此書？□＿＿＿＿縣/市＿＿＿＿書店/量販超商
   □＿＿＿＿網路書店　□書展　□郵購　□其他
7. 您何時購買此書？　年　月　日
8. 您購買此書的原因：（可複選）
   □對書的主題有興趣　□作者　□出版社　□工作所需　□生活所需
   □資訊豐富　□價格合理（若不合理，您覺得合理價格應為＿＿＿＿）
   □封面/版面編排　□其他＿＿＿＿＿＿
9. 您從何處得知這本書的消息：□書店　□網路／電子報　□量販超商　□報紙
   □雜誌　□廣播　□電視　□他人推薦　□其他
10. 您對本書的評價：（1.非常滿意 2.滿意 3.普通 4.不滿意 5.非常不滿意）
    書名＿＿　內容＿＿　封面設計＿＿　版面編排＿＿　文/譯筆＿＿
11. 您通常以何種方式購書？□書店　□網路　□傳真訂購　□郵政劃撥　□其他
12. 您最喜歡在何處買書？
    □＿＿＿＿縣/市＿＿＿＿書店/量販超商　□網路書店
13. 您希望我們未來出版何種主題的書？＿＿＿＿＿＿
14. 您認為本書還須改進的地方？提供我們的建議？

好想法 相信知識的力量
the power of knowledge

寶鼎出版